TRAITÉ GÉNÉRAL DES ÉLÉMENS DU CHANT,

DÉDIÉ À Monseigneur LE DAUPHIN,

PAR M. L'Abbé LACASSAGNE.

Principiis cognitis, multò facilius extrema intelliguntur. Cic. Lib. I.º Sent. pro Cluent.

Travis & Emery Music Bookshop

Traité Général des Élémens du Chant
M. L'Abbé Lacassagne

Facsimile of the 1766 edition.

Published, Paris: Chez l'auteur à l'Ancien College de Justice, 1766.

Republished Travis & Emery 2010.

Published by
Travis & Emery Music Bookshop
17 Cecil Court, London, WC2N 4EZ, United Kingdom.
(+44) 20 7240 2129
neworders@travis-and-emery.com

Hardback: 978-1-906857-09-7   Paperback: 978-1-906857-10-3

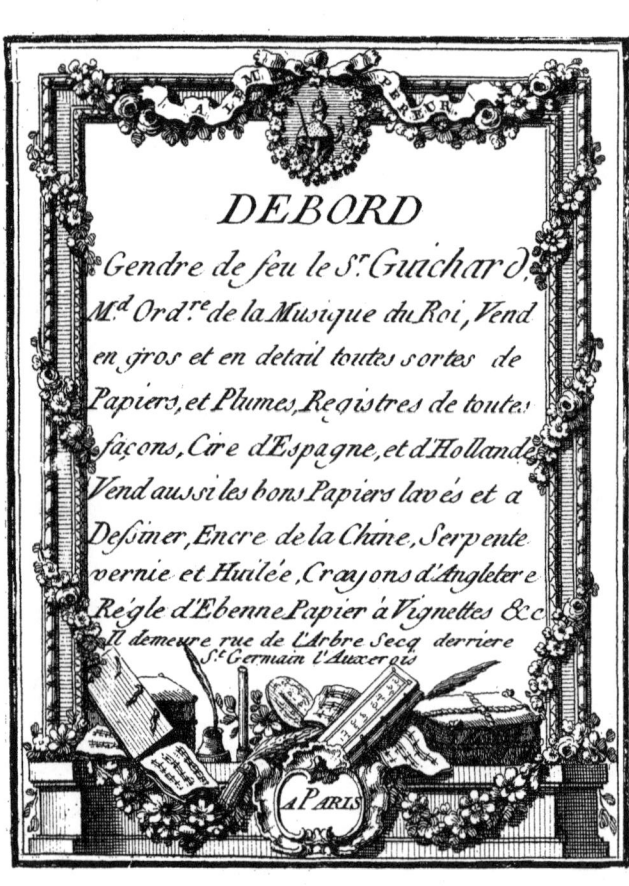

TRAITÉ GÉNÉRAL DES ÉLÉMENS DU CHANT,

DÉDIÉ À Monseigneur LE DAUPHIN,

PAR M. L'Abbé LACASSAGNE.

Principiis cognitis, multò faciliùs extrema intelliguntur.   Cic. Lib. I.º Sent. pro Cluent.

A PARIS.

Chez { L'Auteur, à l'Ancien Collège de Justice rue de la Harpe.
La Veuve Duchesne Libraire, rue Saint Jacques, au Temple du Goût.
Et aux Adresses ordinaires de Musique.

A VERSAILLES.
Fournier aux Galeries du Château.

1766.

AVEC APPROBATION ET PRIVILEGE DU ROY.

Monseigneur,

$\mathcal{L}$e goût que vous annoncez pour les Sciences et les Arts, et la protection que Vous voulez bien leur accorder, m'enhardissent à Vous présenter ce petit Ouvrage. Si, après avoir permis, Monseigneur, qu'il fût décoré de Votre Auguste Nom, Vous daignez y jetter un regard favorable, tous mes vœux seront remplis.

Je suis avec le plus profond respect,

Monseigneur,

Votre très-humble et très-Obéissant Serviteur
Lacassagne.

AVANT-PROPOS.

Nous avons déjà assez de Méthodes pour apprendre la Musique; pourquoi, dira-t-on en augmenter le nombre? On convient qu'il y en a d'estimables à quelques égards. Mais on ose se flatter que, sans les avoir copiées, on a donné dans celle-ci, tout ce qu'elles ont de meilleur. Elle a de plus l'avantage d'être à la portée des Enfans, et d'offrir des Articles qu'on ne trouve point dans aucune autre Méthode. Tels sont ceux qui seront marqués par une Croix+ dans la Table des Matieres ci-dessous.

Table
Des Matieres.

		Pages
Article	De la Gamme et des Octaves	1
Exemple	De l'Identité des Octaves	2
Explication	Abrégée de notre Gamme et de celle des Grecs †	6
Article	Des Clefs et de leurs Positions	7
Article	Des Noms, des Figures et de la valeur des Notes	8
Article	Du Point après les Notes	ibid.
Article	Des Silences et des Pauses	9
Article	Des Clefs dont on fait usage pour les différentes Voix et pour les différents Instrumens	10
Article	Des Unissons Réels et apparens ‡	11
Article	Des Diezes, des Bémols et des Béquarres	12
Article	Des Genres Diatonique, Chromatique et Enharmonique	13
Article	Des Termes qui servent à exprimer le Ton principal avec des Observations utiles	15
Table	Numérique ‡	17

Récapitulation, par demandes et par Réponses, des Articles les plus essentiels..................18
Exemple. Des Noms des Lignes et des Espaces sur les différentes Clefs . 25
Article..Des Octaves Majeures et Mineures. 28
Article..Des Intonnations de Secondes, de Tierces, de Quartes, de Quintes, de Sixtes, de Septiemes et d'Octaves . 30
Exemples De Leçons de Chant avec de grosses Notes tant en Majeur qu'en Mineur_35
Article..De la Mesure..........37
Article..Des Mesures qu'on peut simplifier +............40
Exemple..Des Termes Italiens avec l'explication françoise........41
Article...Des Variations sur tous les Tons Majeurs et Mineurs +......44
Article..Des Cadences..........47
Article...Des Silences, des Points, des Syncopes, des Remarques sur les Croches...........50
Suite de l'Article des Mesures simples et Composées avec des Variations sur les Octaves Majeures et Mineures +..........62
Article...De quelques Termes de l'Art.62
Article...Des Agrémens du Chant...64

Article	De quelques Passages de Chant pour apprendre à joindre les Paroles aux Notes _ _ _ _ _ _ _ _ _ _ 70
Premiere Partie	des Leçons de Chant avec accompagnement _ _ _ _ _ _ 73
Article 1	Des Rapports des Mesures + 98
Article 2	Des Rapports des Mesures +102
Seconde Partie	des Leçons de Chant _ _ _ 104
Définitions	De Différens Airs de Musique Instrumentale _ _ _ _ _ _ _ _ _ _ _ _ 145
Définitions	Des Airs et des Pieces qu'on Chante + _ _ _ _ _ _ _ _ _ _ _ _ _ _ 149
Observations	Pour apprendre à joindre les Paroles avec les Notes _ _ _ _ 154
Observations	Sur le Goût _ _ _ _ _ _ _ _ _ _ _ _ _ _ 156
Introduction	A l'Accompagnement du Clavecin + _ _ _ _ _ _ _ _ _ _ _ _ 169
Réflexions	Sur l'Usage des Clefs + _ _ _ 175
Objections	Sur la Réduction des Mesures+ 185
Article	De Deux Moyens pour apprendre la Musique sans le secours d'un Maître + _ _ 188
	Avis + _ _ _ _ _ _ _ _ _ _ _ _ _ _ _ _ _ _

TRAITÉ GÉNÉRAL
DES
PREMIERS ÉLÉMENS
DU CHANT.

ARTICLE I.
De La Gamme et des Octaves.
S. I.
De la Gamme.

UNE Portée *Composée de cinq* Lignes *Parralleles avec leurs* Intervalles, *sert d'*Echelle *pour placer les sept* Notes *que nous trouvons dans la* Gamme *de la* Musique. *La premiere Ligne ou le premier Echelon se prend Toujours en Bas.*

Exemple.

Si	o	7
La	o	6
Sol	o	5
Fa	o	4
Mi	o	3
Re	o	2
Ut	o	1

S. II.
Des Octaves.

Chaque Note *de la Gamme étant répétée à la distance de huit* Degrés *Diatoniques, forme une* Octave *qu'on peut multiplier, en ajoutant de Petites Lignes au dessus des cinq pour monter,* et au dessous pour descendre. Vous verrez la Page 27, après que nous aurons examiné l'Identité des Octaves, Simples et Toniques, et que nous aurons exposé la Dénomination qui convient à chacun de leurs Degrés Intermédiaires.

Exemple

De l'Identité des Octaves Toniques, et de la Dénomination qui convient à chacun de leurs Degrés Intermédiaires.

Octaves	ou 8mes	Ut. Re. Mi. Fa. Sol. La. Si. 8
Sensibles	ou 7mes	Si. Ut. Re. Mi. Fa. Sol. La. 7
Sus-Dominantes	ou 6mes	La. Si. Ut. Re. Mi. Fa. Sol. 6
Dominantes	ou 5mes	Sol. La. Si. Ut. Re. Mi. Fa. 5
Sous-Dominantes	ou 4mes	Fa. Sol. La. Si. Ut. Re. Mi. 4
Médiantes	ou 3mes	Mi. Fa. Sol. La. Si. Ut. Re. 3
Sus-Toniques	ou 2mes	Re. Mi. Fa. Sol. La. Si. Ut. 2
Toniques	ou 1res du Ton	Ut. Re. Mi. Fa. Sol. La. Si. 1

Remarques.

Toutes ces Octaves sont Majeures ou Mineures. Elles sont Majeures, lorsqu'on trouve Deux Tons Pleins de la Premiere Note du Ton à la Troisieme. Elles sont Mineures, lorsqu'il n'y a qu'un Ton et Demi. Tous les Degrés qui les composent, forment des Sons Différens entr'eux, à proportion de leur Gravité, ou de leur Aiguité. La distance de Deux Degrés qui se touchent, produit le Ton ou le Demi-Ton.

DES ÉLEMENS 3 DU CHANT.

L'Une et l'autre Octave sont composées de cinq Tons et de Deux Demi-Tons ; avec cette différence qu'en Majeur les Deux Demi-Tons sont de la 3.ᵉᵐᵉ à la 4.ᵉᵐᵉ, et de la 7.ᵉᵐᵉ à la 8.ᵉᵐᵉ, soit en montant soit en descendant ; et qu'en Mineur, on doit les trouver en montant, de la 2.ᵉᵐᵉ à la 3.ᵉᵐᵉ, de la 7.ᵉᵐᵉ à la 8.ᵉᵐᵉ ; et en descendant, de la 6.ᵉᵐᵉ à la 5.ᵉᵐᵉ, de la 3.ᵉᵐᵉ à la 2.ᵉᵐᵉ. Tous les autres intervalles composent les cinq Tons.

Exemple
En Ton D'ut Majeur.

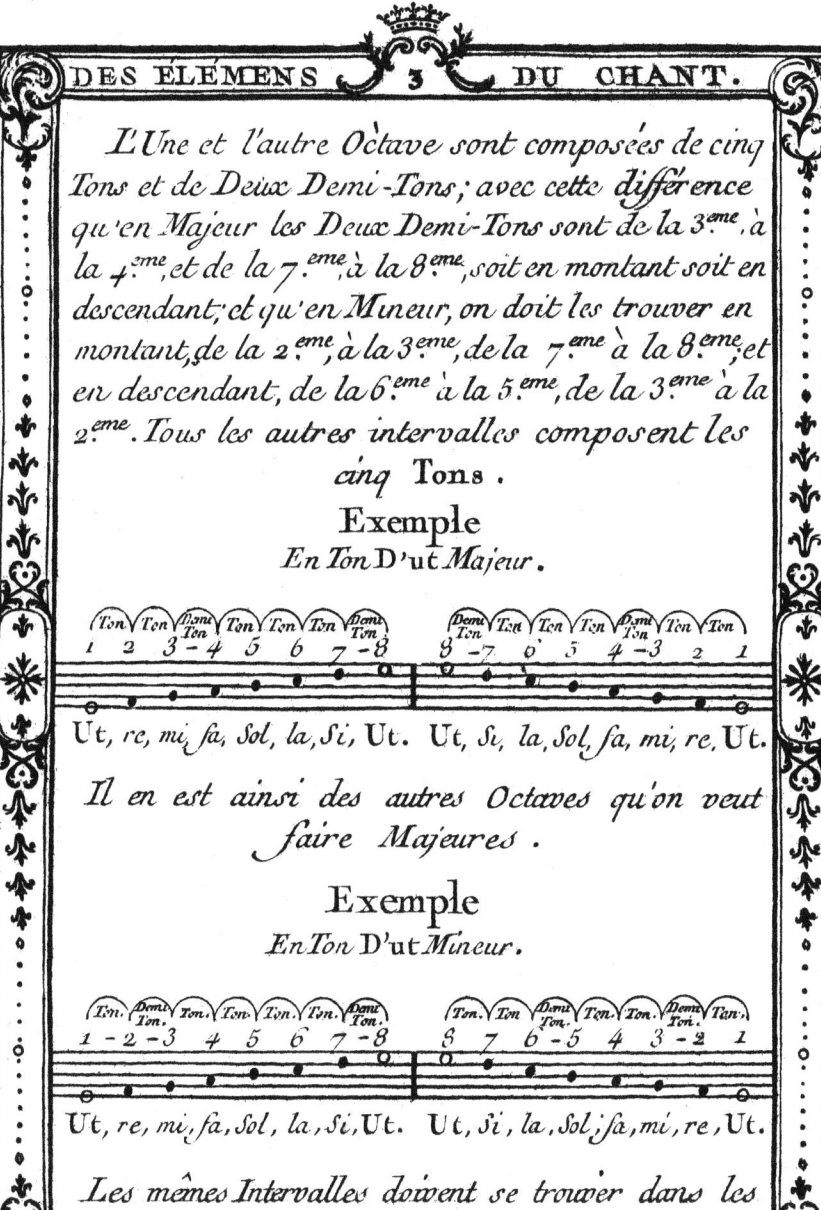

Il en est ainsi des autres Octaves qu'on veut faire Majeures.

Exemple
En Ton D'ut Mineur.

Les mêmes Intervalles doivent se trouver dans les autres Octaves qu'on veut faire Mineures.

OBSERVEZ qu'on peut diviser les Tons en Demi-Tons; et Ceux-ci peuvent se transformer en Tons par le moyen des Diezes et des Bémols qu'on marque ainsi, Dieze ×, Bémol ♭; Le Dieze fait hausser, et le Bémol fait descendre la Note d'un Demi-Ton. On se sert aussi d'un Béquarre qu'on marque ainsi ♮, pour remettre les Notes dans leur Ton naturel. La premiere des Octaves, que nous avons Citée s'appelle Diatonique, parcequ'elle se fait en Majeur, comme la nature nous l'indique, C'est-à-dire, sans altération. Les autres quoiqu'Enfans de l'Art, sont aussi Diatoniques, puisqu'elles suivent la Marche naturelle, par le moyen des Diezes ou des Bémols qu'on place immédiatement après les Clefs ou accidentellement sur les Lignes ou les Vuides Interlinéaires qui appartiennent à plus ou moins de Notes altérées. Il sera donc vrai de dire qu'il n'y a qu'un seul Ton Diatonique, représenté sous différentes Dénominations. Les Exemples qu'on en donera presqu'à chaque page du Chant le démontreront évidemment.

On exprime aussi ces différens Tons D'Ut, de Re, de Mi, de Fa, de Sol, de La, et de Si, en les fesant préceder d'une

DES ÉLÉMENS DU CHANT.

des Premieres Lettres de l'Alphabet, à laquelle on ajoute la Dominante du Ton qu'on prend pour Fondamental ou Principal. Observez que par la réunion de ces Deux Notes, on trouve les extrémités de chacun des Deux Tétracordes qui composent la Gamme des Grecs, dont nous parlerons bientôt. On y trouve encore notre Position des Diezes et des Bémols répétée deux fois : Les Diezes en montant à rebours, et les Bémols en descendant.

Exemple.

Domi...		Toni...
E — Si, 1♭	——	Mi, 2♭
D — La, 3♭	——	Re, 4♭
C — Sol, 5♭	——	Ut, 6♭
B — Fa, 7♭	——	Si, 7x
A — Mi, 6x	——	La, 5x
G — Re, 4x	——	Sol, 3x
F — Ut, 2x	——	Fa, 1x

Il seroit bon d'apprendre par cœur la Gamme ci-dessus, soit en descendant, soit en montant. Mais si l'on veut abandonner les Lettres Alphabétiques, Il faut nommer à rebours les Notes qui la composent, c'est-à-dire, aller de droit à gauche, seulement en montant, afin d'y trouver deux fois la Position des Diezes et des Bémols.

Explication Abrégée.
De Notre Gamme et de celle des Grecs.

§. I.

NOTRE Ancienne Gamme étoit composée des Notes Ut, Re, Mi, Fa, Sol, La; en y ajoutant Si♭, elle se trouvoit composée de deux Tétracordes Conjoints, c'est-à-dire, que le Second commençoit par la même Note qui terminoit le 1.er

Exemple.

1.er Tétracorde.   2.ème Tétracorde.
ut, re, mi, fa.   fa, sol, la, si.

§. II.

L'ÉCHELLE dont nous fesons usage aujourd'hui, est composée de Deux Tétracordes Disjoints, qui forment la distance d'une Octave. Chaque Tétracorde parcourt quatre différentes Notes Conjointement successives par leur Position.

Exemple.

1.er Tétracorde.   2.ème Tétracorde.
ut, re, mi, fa.   sol, la, si, ut.

§. III.

LA Gamme ou Echelle des Grecs est composée de Deux Tétracordes Conjoints; c'est-à-dire, que la Seconde Corde de cet Instrument commence par la même Note qui a terminé le Premier.

Exemple.

1.er Tétracorde.   2.ème Tétracorde.
si, Ut, re, mi.   mi, fa, sol, La.

On peut remarquer 1.° que notre Echelle a huit Degrés, et que celle des Grecs n'en a que Sept. 2.° que notre Tétracorde commence par Deux Tons, et qu'il finit par un Demi-Ton. Celui des Grecs, au contraire, commence par un Demi-Ton, et se termine par Deux Tons.

ARTICLE
Des Clefs et de leurs Positions.

Trois des sept Notes de la Gamme qu'on appelle Ut, Sol, Fa, Communiquent leurs Noms aux Trois Clefs de la Musique.

Exemple.

Remarquez que la Clef de Fa, dans l'Ancienne impression, se marque ainsi.

Ces Trois Clefs servent à fixer la Position, le Nom et l'Intonation de chaque Note. La Clef de Sol sur la 1.ere Ligne, ne se trouve plus que dans les anciennes Musiques. La Position de ses Notes est la même que celle de la Clef de Fa posée sur la 4.eme Ligne, avec cette différence que Celle-ci indique le Ton Deux Octaves plus Bas.

ARTICLE
Des Noms, des Figures et de la Valeur des Notes.

LA différence des Notes sert à faire distinguer leur Valeur et leur durée. La Note quarrée n'étant plus d'usage, la Ronde est celle qui Vaut ou qui Dure le plus. Les autres se doublent à mesure que leur Valeur diminue.

Exemple.

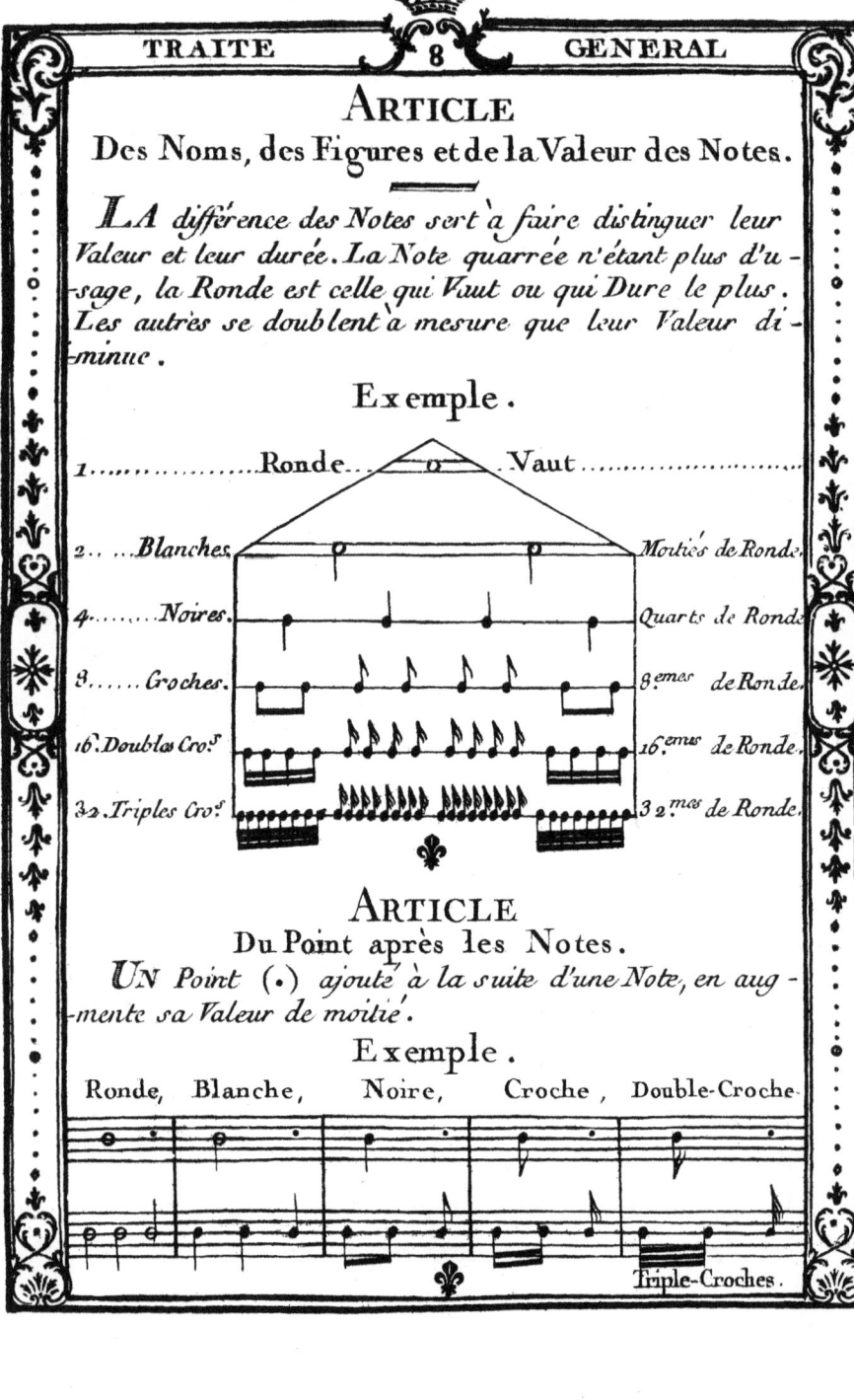

ARTICLE
Du Point après les Notes.

UN Point (.) ajouté à la suite d'une Note, en augmente sa Valeur de moitié.

Exemple.

Ronde, Blanche, Noire, Croche, Double-Croche, Triple-Croches.

ARTICLE
Des Silences.

IL y a autant D'espèces de Silences en Musique que de Notes. L'exemple ci-dessous, Vous en fera comprendre la Valeur, si vous le comparez au 1.er de la page précédente. Mais Remarquez que cette division n'est juste que pour la Mesure marquée par un 2, un C, ou ₵.

Exemple.

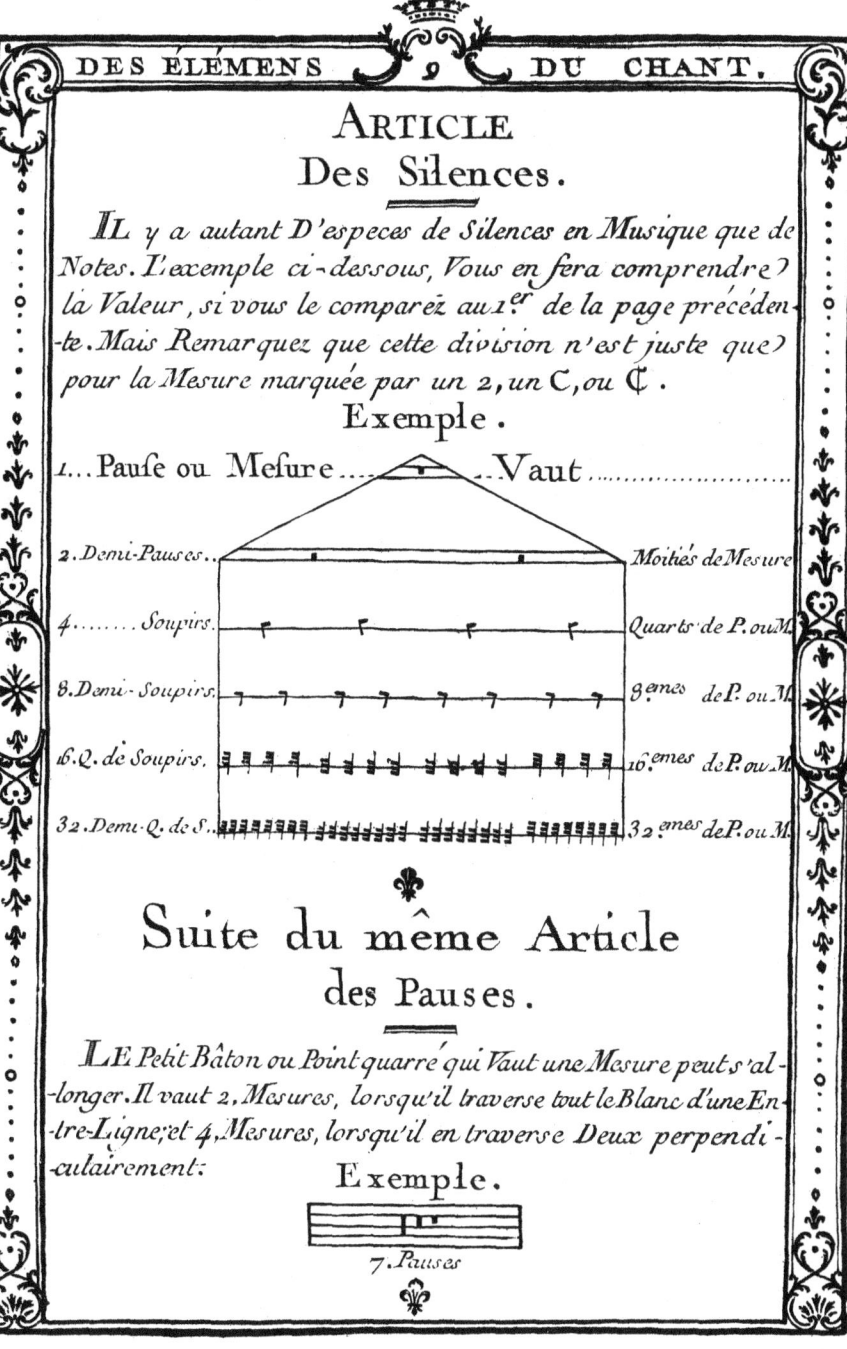

Suite du même Article
des Pauses.

LE Petit Bâton ou Point quarré qui Vaut une Mesure peut s'allonger. Il vaut 2. Mesures, lorsqu'il traverse tout le Blanc d'une Entre-Ligne; et 4. Mesures, lorsqu'il en traverse Deux perpendiculairement.

Exemple.

7. Pauses

ARTICLE
Des Clefs
dont on fait usage pour les différentes voix, soit en Italie soit en France.

Exemple.

Exemple
Des Clefs pour les différens Instrumens le plus en usage.

CETTE Régle pour la Position des Clefs n'est pas toujours Rigoureuse, puisqu'on s'en écarte souvent. On ne fixe pas non plus l'Etendue de ces Clefs, la Croyant indeterminée sur-tout pour les Instruments à Manche.

Il y a encore plusieurs autres Instrumens dont on ne parle pas, qui prennent différentes Clefs, a proportion de leur Etendue, et du Ton que les Régles des Unissons prescrivent.

DES ELEMENS　　11　　DU CHANT.

ARTICLE
Des Unissons.

On appelle Unisson, *deux Notes qui rendent exactement le même Son, conformément aux règles de la Théorie.*

Exemple.

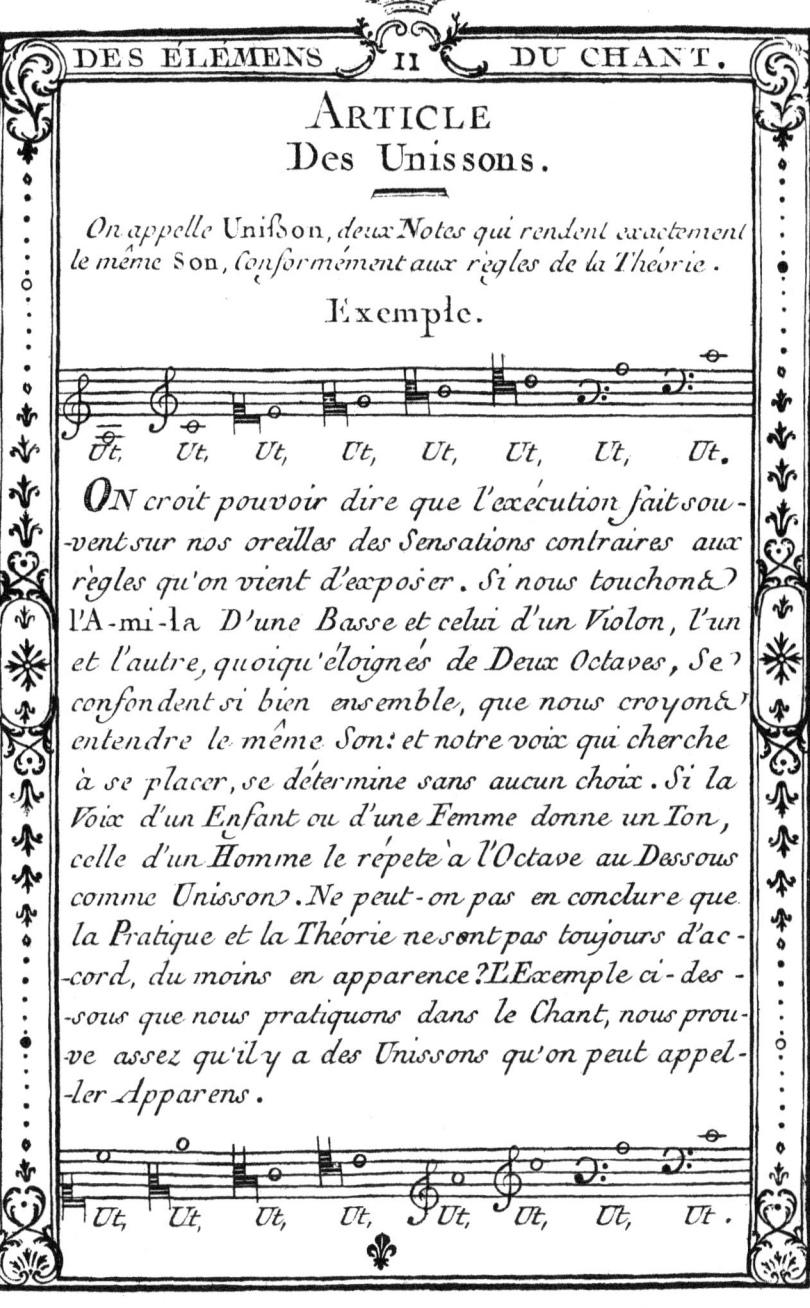

Ut, Ut, Ut, Ut, Ut, Ut, Ut, Ut.

ON croit pouvoir dire que l'exécution fait souvent sur nos oreilles des Sensations contraires aux règles qu'on vient d'exposer. Si nous touchons l'A-mi-la D'une Basse et celui d'un Violon, l'un et l'autre, quoiqu'éloignés de Deux Octaves, Se confondent si bien ensemble, que nous croyons entendre le même Son: et notre voix qui cherche à se placer, se détermine sans aucun choix. Si la Voix d'un Enfant ou d'une Femme donne un Ton, celle d'un Homme le répète à l'Octave au Dessous comme Unisson. Ne peut-on pas en conclure que la Pratique et la Théorie ne sont pas toujours d'accord, du moins en apparence? L'Exemple ci-dessous que nous pratiquons dans le Chant, nous prouve assez qu'il y a des Unissons qu'on peut appeller Apparens.

Ut, Ut, Ut, Ut, Ut, Ut, Ut, Ut.

Article

De la Position des Diezes et des Bémols, quand on les emploie tous, et de celle des Béquarres, qui en effacent l'altération pour faire rentrer les Notes dans leur Ton le plus Naturel.

Comme nous avons déjà parlé de l'effet que produisent les Diezes, les Bémols et les Bécarres sur les Notes qui en sont Naturellement précédées à la suite d'une Clef, ou accidentellement dans le courant d'un Air, on se contentera de mettre ici leur Position et de faire observer que les Diezes vont par Quinte en montant et par Quarte en descendant : Et que les Bémols vont par l'opposé, C'est-à-dire, par Quarte en montant, et par Quinte en descendant. Les Béquarres qui sont audessous sur les mêmes Notes altérées par les Diezes et les Bémols, produisent l'effet du Naturel.

Exemple.

Diezes — Bémols
Fa, Ut, Sol, Re, La, Mi, Si.   Si, Mi, La, Re, Sol, Ut, Fa.
Béquarres — Béquarres
Fa, Ut, Sol, Re, La, Mi, Si.   Si, Mi, La, Re, Sol, Ut, Fa.

ARTICLE
Des Genres Diatonique, Chromatique, et Enharmonique.

C'EST par le moyen des Diezes et des Bémols placés accidentellement qu'on a formé les Genres Chromatique, et Enharmonique. L'un et l'autre se conçoivent aisément, si l'on observe l'espece d'altération qui survient sur les degrés qu'on appelle Diatoniques.

OBSERVATIONS.

TOUS les Tons et les Demi-Tons sont ou Majeurs ou Mineurs. Dans l'Octave Diatonique D'ut composée de Cinq Tons et de Deux Demi-Tons, il y a Trois de ces Cinq Tons, qu'on dit Majeurs, et les Deux autres Mineurs. Les Majeurs sont D'ut à Re, de Fa à Sol, de Sol à La. Les Mineurs sont de Re à Mi, et de La à Si. Les Deux Demi-Tons de Mi à Fa, de Si à Ut, Sont Majeurs.

Les Cinq Tons qu'on trouve dans cette Octave Diatonique, peuvent se diviser en dix Demi-Tons, si on les joint aux deux autres, il s'en trouvera Douze. Les Demi-Tons formés sur le même Degré s'appellent Chromatiques ou Mineurs, comme D'ut naturel à Ut ✕ ; de Re à Re ✕ ; de Fa à Fa ✕ ; &c. De Si naturel à Si ♭ ; de La à La ♭ ; de Sol à Sol ♭ ; &c. Deux Demi-Tons Majeurs qui se succedent immédiatement sont dans le Genre Diatonique-Enharmonique, comme D'ut ✕ à Re ; de Re à Mi ♭ ; &c.

Ces Trois Genres Diatonique, Chromatique, et Enharmonique sont entremêlés dans l'Octave qu'on va citer, et qu'il seroit bon de chanter souvent avec le secours d'un Maître, pour accoutumer l'oreille à la justesse des Demi-Tons.

Exemple
Des Demi-Tons Majeurs et Mineurs en montant.

Exemple
Des Demi-Tons Majeurs et Mineurs en descendant.

On appelle aussi Genre Enharmonique le Passage d'un Dégré à un autre dont l'intervalle n'est composé que d'un Quart-de-Ton, comme du Re x à Mi ♭. Cette espece de Genre ne peut se pratiquer sur les Instrumens où les Diezes et les Bémols sont parfaitement à l'Unisson, (tels que l'Orgue, le Clavecin, et plusieurs autres &c,) que par l'enchantement d'une harmonie qui nous déguise la réalité.

ARTICLE

Des Termes qui servent à exprimer le Ton Principal, avec des observations utiles.

Octave, Ton, Mode, Echelle, et Corde, sont des Termes synonimes. Les plus usités sont Mode ou Ton, pour exprimer les différentes Octaves déjà citées dans la 2.ᵉᵐᵉ Page où l'on trouve le Ton D'ut, de Re, de Mi &c.

Le mot Ton a d'autres Significations; il sert aussi à exprimer tantôt un Son pris au hazard, tantôt les degrés d'une Echelle, comme D'ut à Re, de Re à Mi, &c. On le prendra ici dans le sens du Terme Mode, pour connoître la nature d'un Chant, C'est-à-dire, s'il est Majeur ou Mineur. Il sera Majeur, si l'on trouve Deux Tons pleins depuis la 1.ʳᵉ du Ton, qu'on appelle aussi Tonique ou Principale, jusqu'à la Médiante, ou 3.ᵉᵐᵉ du Ton inclusivement. Il sera Mineur, si l'on ne trouve qu'un Ton et Demi. Observez qu'il y a toujours un Ton de la 1.ere à la 2.de.

 Dans les Tons Majeurs, le dernier des Diezes qu'on pose unmédiatement après la Clef, doit se trouver sur la 7.me Note du Mode, qu'on appelle sensible ou Sous-Tonique. Le Degré qui suit en montant, est annoncé Tonique. Le dernier Bémol se place sur la 4.eme Note qu'on appelle sous-dominante.

 Dans les Tons Mineurs, le dernier Dieze doit se trouver sur la 2.eme Note du Ton fondamental, et le dernier Bémol, sur la 6.eme. Ce mode n'a point de Note sensible marquée à la Clef; Elle se trouve accidentellement, lorsque le Chant le demande.

 La Quantité des Diezes et des Bémols, paroit effrayer au premier aspect: mais qu'on parcoure habituellement la même Leçon sur les différens Modes Identifiés, on fera bientôt disparoître ces difficultés imaginaires. S'il reste encore quelque embarras, il faut l'attribuer au peu de connoissance que l'on a des Notes sur toutes les positions des Clefs. C'est principalement à ce dernier objet que le dégout des Enfans se manifeste le plus.

DES ÉLEMENS   17   DU CHANT.

TABLE NUMÉRIQUE

EN faveur des Enfans qui ne savent pas compter; et qui par cette raison n'apprennent que très-diffici-lement les différentes combinaisons des Notes. On en trouvera l'usage, lorsqu'il sera question des Mesures.

Deux fois	1	font	2
	2		4
	3		6
	4		8
	5		10
	6		12
	7		14
	8		16
	9		18
	10		20
	11		22
	12		24
	13		26
	14		28
	15		30
	16		32
	17		34
	18		36
	19		38
	20		40
	21		42
	22		44
	23		46
	24		48
	48		96

RÉCAPITULATION,
Par
DEMANDES ET PAR RÉPONSES,
des Articles les plus Essentiels.

ARTICLE I.
De la Gamme, des Lignes, et des Clefs.

§. I.
De la Gamme.

Dem... *Qu'entendez-vous par Gamme ?*
Rép..... *J'entends l'Alphabet de la Musique.*
D........ *Qu'est-ce que cet Alphabet ?*
R......... *C'est Ut, Re, Mi, Fa, Sol, La, Si, Ut, pour monter; Ut, Si, La, Sol, Fa, Mi, Re, Ut, pour descendre.*
D........ *Pourquoi, répétez-vous la 1.re Note que vous avez nommée Ut ?*
R......... *Je la répète pour faire une Octave.*
D........ *Que signifie le mot Octave ?*
R......... *La répétition d'une Note, à la distance de huit degrés diatoniques.*

§. II.
Des Lignes.

D........ *Combien faut-il de Lignes fixes et pa-*

DES ELEMENS 19 DU CHANT.

-ralleles ?

R.......Il en faut cinq, qu'on appelle **Portée**.

D.......Quelle Ligne prenez-vous pour la première ?

R.......Je prends celle d'en-bas.

D.......Faut-il compter aussi les Espaces qui sont entre les Lignes ?

R.......Oui, il faut les compter pour autant de degrés.

D.......À quoi servent ces cinq Lignes et leurs Espaces ?

R.......On s'en sert à placer, comme sur une Echelle les Notes et les Clefs.

D.......Ne peut-on pas ajouter de petites Lignes pour monter plus haut, ou pour descendre plus bas ?

R.......Oui, on le peut.

§. III.
Des Clefs.

D.......Combien y-a-t-il de Clefs dans la Musique ?

R.......Il y en a Trois.

D.......Comment les appellez vous ?

R.......Je les appelle la Clef D'ut, la Clef de Sol, et la Clef de Fa.

D.......Peut-on poser les Clefs sur les Espaces ?

R.......Non, il n'y a que les Notes qu'on y puisse poser.

D.......Sur lesquelles des cinq Lignes doit-on poser les trois Clefs?

R..La Clef D'ut se pose sur les quatre premieres Lignes.

ut, ut, ut, ut,

La Clef de Sol se pose sur la 1.ère et 2.me Ligne.

Sol, Sol,

La Clef de Fa se pose sur la 3.ème et 4.ème Ligne.

Fa, Fa,

ARTICLE II.

Des Figures qu'on donne aux Notes et des valeurs qui les distinguent, des Silences et des Points qui leur répondent.

§. I.

Des Noms, Des Figures, et des Valeurs des Notes.

D....... Comment appellez-vous les Notes dont les Valeurs changent à proportion des Signes qu'on leur ajoute?

R.......Je les appelle Ronde. Blanche. Noire. Croche. Double-Croche. Triple-Croche.
1   2   4   8   16   32

DES ÉLÉMENS   DU CHANT.

D....... Puisque ces Notes ont différentes Valeurs, qu'elle-est-celle qui vaut le plus?

R....... C'est la Ronde, puisqu'elle prolonge le Son de la Voix ou de l'instrument plus long-temps qu'aucune des autres Notes.

D....... Combien vaut la Ronde?

R....... Elle vaut ou dure autant que 2-Blanches, 4-Noires, 8-Croches, 16-Doubles-Croches, et 32-Triples-Croches.

D....... Que vaut la Blanche?

R....... Elle vaut 2-Noires 4-Croches, 8-Doubles-Croches, et 16-Triples-Croches.

D....... Que vaut la Noire?

R....... Elle vaut 2-Croches, 4-Doubles-Croches, et 8-Triples-Croches.

D....... Que vaut la Croche?

R....... La Croche vaut 2-Doubles-Croches.

D....... Que vaut la Double-Croche?

R....... Elle vaut 2-Triples-Croches.

§. II.
Des Silences.

D....... N'y a-t-il pas des Silences qui ont autant de valeur que les Notes que nous venons de nommer?

R....... Oui, je les appelle en Termes de l'art.

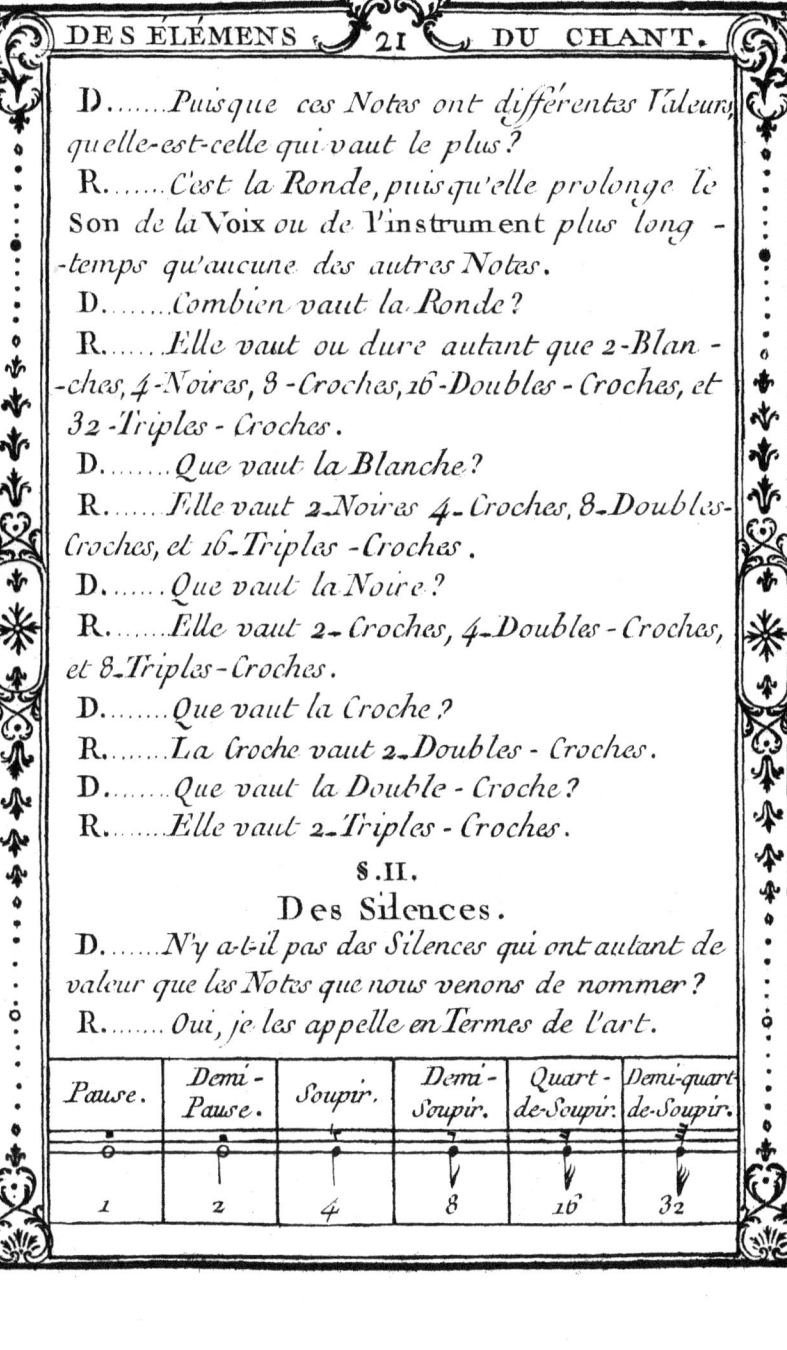

Pause.	Demi-Pause.	Soupir.	Demi-Soupir.	Quart-de-Soupir.	Demi-quart de-Soupir.
1	2	4	8	16	32

D....... *Avez-vous remarqué la valeur de tous ces Silences?*

R....... *Oui, j'ai remarqué que la Pause valoit une Ronde; la Demi-Pause une Blanche; le Soupir, une Noire; le Demi-Soupir une Croche; le Quart-de-Soupir, une Double Croche; et le Demi-Quart-de-Soupir, une Triple-Croche.*

§. III.
Du Point.

D....... *Que vaut le Point?*

R....... *Il vaut la moitié de la Note qui le précede.*

D....... *Sauriez-vous m'en donner des Exemples?*

R....... *Oui, quand il est après la Ronde, il vaut une Blanche; après la Blanche, une Noire; après la Noire une Croche; après la Croche une Double-Croche; après la Double-Croche, une Triple-Croche.*

Exemple.

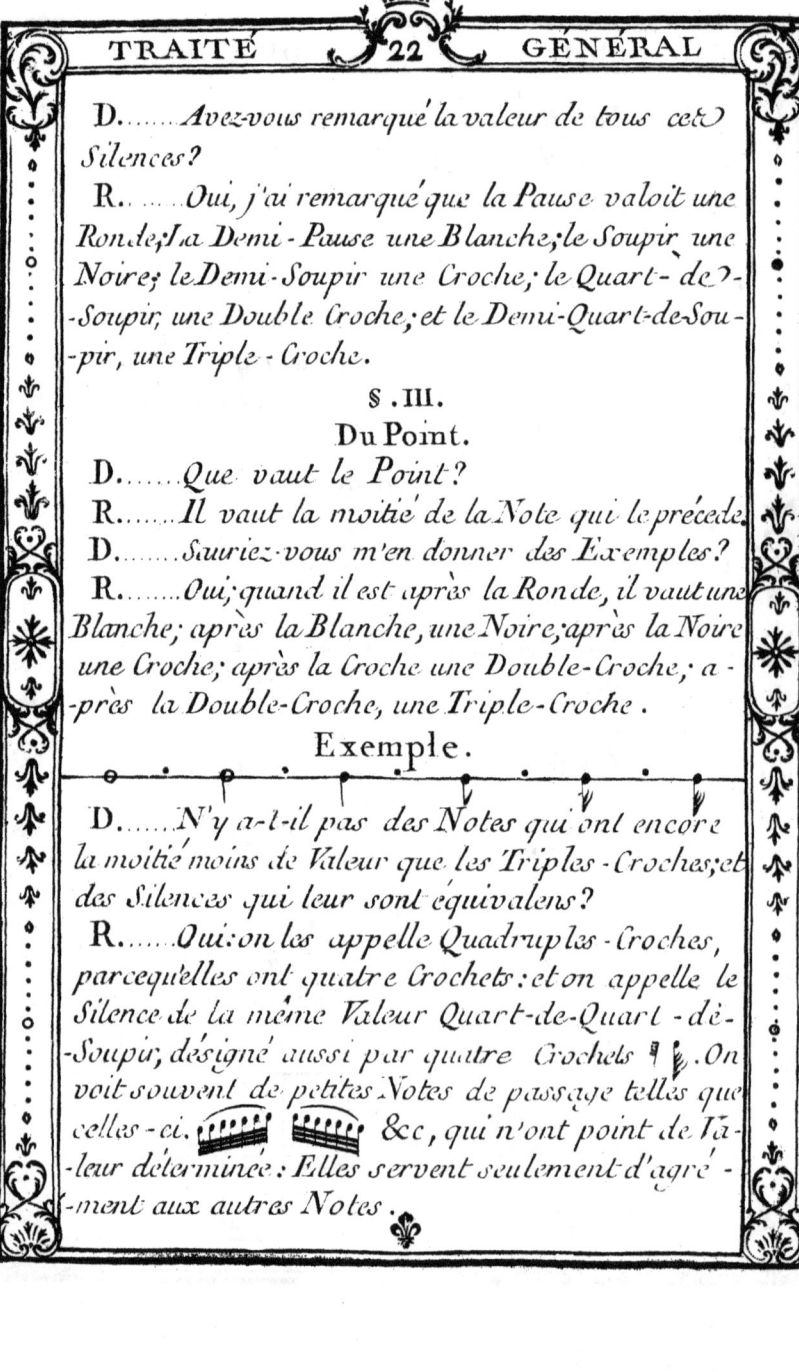

D....... *N'y a-t-il pas des Notes qui ont encore la moitié moins de Valeur que les Triples-Croches, et des Silences qui leur sont équivalens?*

R....... *Oui: on les appelle Quadruples-Croches, parcequ'elles ont quatre Crochets: et on appelle le Silence de la même Valeur Quart-de-Quart-de-Soupir, désigné aussi par quatre Crochets. On voit souvent de petites Notes de passage telles que celles-ci &c, qui n'ont point de Valeur déterminée: Elles servent seulement d'agrément aux autres Notes.*

ARTICLE III.
Des Diezes, des Bémols, et des Bécarres.

D.......Combien y a-t-il de Diezes?

R.......Il y en a sept, comme il y a sept Notes.

D.......Combien y a-t-il de Bémols?

R.......Il y en a aussi sept.

D.......Dans quel ordre placez-vous les Diezes?

R.......Je les place à la Quinte l'un de l'autre en montant, ou ce qui est la même chose, à la Quarte en descendant. Je commence par Fa, et je dis Fa, Ut, Sol, Re, La, Mi, Si.

D.......Comment placez-vous les Bémols?

R.......Je les place à la Quarte en montant, ou ce qui revient au même, à la Quinte en descendant. Je commence par Si, et je dis Si, Mi, La, Re, Sol, Ut, Fa.

D.......À Quoi sert le Dieze?

R.......À faire hausser d'un demi-Ton la Note qui lui est subordonnée.

D.......À Quoi sert le Bémol?

R.......À faire baisser d'un Demi-Ton, les Notes qui en dépendent.

D.......À Quoi servent les Bécarres?

R.......A remettre dans leur Ton naturel les Notes qui ont été altérées par quelque Dieze ou quelque Bémol.

ARTICLE IV,
Des Octaves et des Modes.

§. I.
Des Octaves.

D..... Combien y a-t-il d'especes d'Octaves ?

R..... Il y en a autant que de Notes, et même autant que de variations, dont elles sont susceptibles.

D..... Combien y a-t-il de Tons et Demi-Tons, dans chaque Octave ?

R..... Il y a cinq Tons et Deux Demi-Tons.

D..... Quels sont les cinq Tons dans l'Octave qui commence par Ut ?

R..... C'est d'Ut à re, de re à mi, de fa à sol, de sol à la, de la à si.

D..... Quels sont les deux Demi-Tons ?

R..... C'est de mi à fa, de si à Ut.

D..... Comment formez-vous l'Octave de re ?

R..... Je la forme en répétant le 1.^r re, à la distance de huit degrés, comme on répète ut pour faire l'Octave d'ut. Il en est ainsi des autres Notes mi, fa, sol, la, si.

§. II.
Des Modes.

D..... Combien y a-t-il de Modes ?

R..... Il y en a deux, qu'on appelle le Mode Majeur et le Mode Mineur.

D..... Quelle différence trouvez-vous entre l'un et l'autre Mode ?

R..... Le Mode Majeur doit avoir deux Tons pleins pour faire la premiere Tierce en montant, et le Mode Mineur ne doit avoir qu'un Ton et Demi.

DES ÉLÉMENTS 25 DU CHANT.

Exemple

Des noms des Lignes et des Espaces sur les différentes Clefs.

C'est ici que le Crayon Blanc seroit d'un grand secours pour ceux qui voudroient en faire usage.

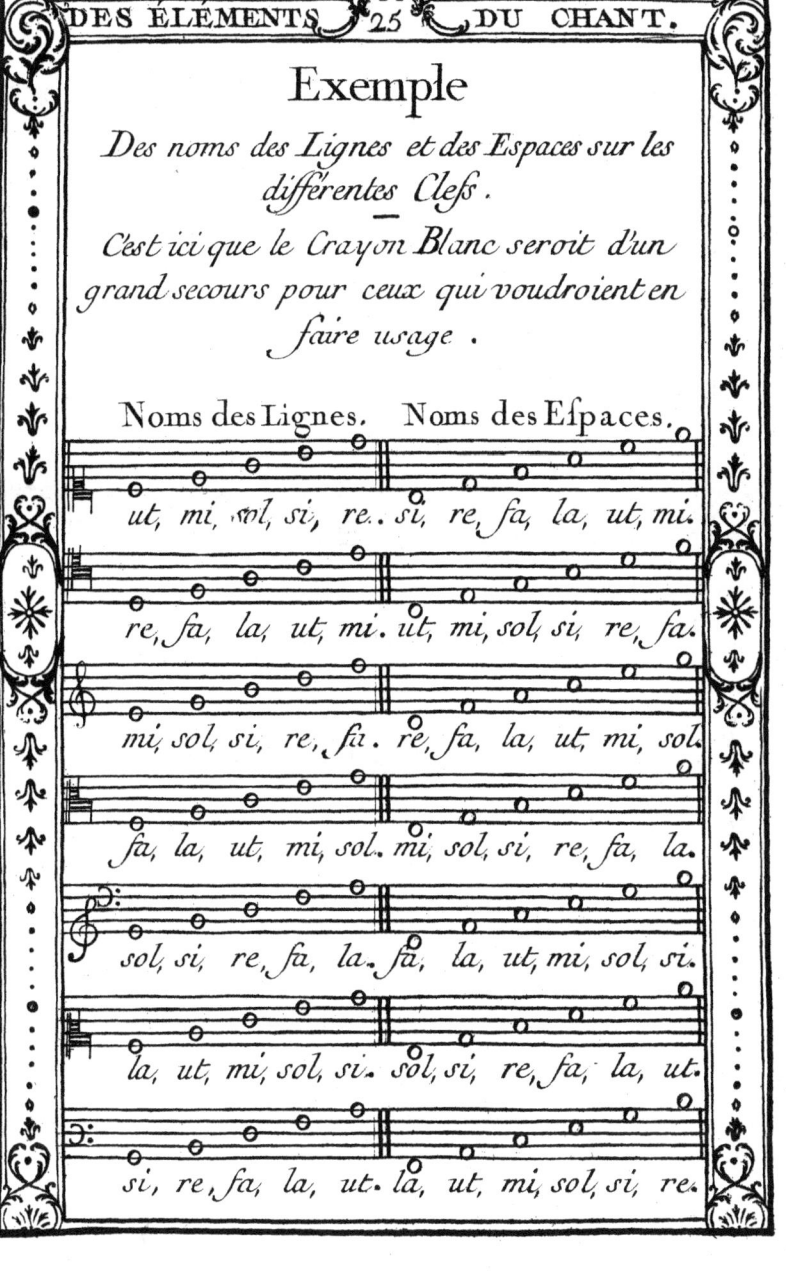

Exemple.

*Des Octaves conjointes et disjointes,
en montant, et en descendant.*

Ut, re, mi, fa, sol, la, si, Ut. Ut, si, la, sol, fa, mi, re, Ut.
Re, mi, fa, sol, la, si, ut, Re. Re, ut, si, la, sol, fa, mi, Re.
Mi, fa, sol, la, si, ut, re, Mi. Mi, re, ut, si, la, sol, fa, Mi.
Fa, sol, la, si, ut, re, mi, Fa. Fa, mi, re, ut, si, la, sol, Fa.
Sol, la, si, ut, re, mi, fa, Sol. Sol, fa, mi, re, ut, si, la, Sol.
La, si, ut, re, mi, fa, sol, La. La, sol, fa, mi, re, ut, si, La.
Si, ut, re, mi, fa, sol, la, Si. Si, la, sol, fa, mi, re, ut, Si.

Il y a des Clefs qui portent ordinairement plus d'Etendue qu'on ne leur en donne dans l'Exemple ci-dessus; d'autres qui en ont moins; Mais il suffit de savoir qu'elles sont susceptibles de tous les Degrés qu'on a marqués.

S. II.
Des Octaves Mineures.

On doit aussi remarquer les Octaves Mineures, attendu que leur marche n'est pas la même en descendant qu'en montant, sur la 7.me et la 6.me Note du Ton principal.

Exemple.

Ton de La
La, si, ut, re, mi, fa, sol, La. La, sol, fa, mi, re, ut, si, La. *accord parfait.*

Mode de Si ♭
Si, ut, re, mi, fa, sol, la, Si. Si, la, sol, fa, mi, re, ut, Si.

Ton D'ut ✶
Ut, re, mi, fa, sol, la, si, Ut. Ut, si, la, sol, fa, mi, re, Ut.

Mode de Re ✶
Re, mi, fa, sol, la, si, ut, Re. Re, ut, si, la, sol, fa, mi, Re.

Ton de Mi ♭
Mi, fa, sol, la, si, ut, re, Mi. Mi, re, ut, si, la, sol, fa, Mi.

Mode de Fa ✶
Fa, sol, la, si, ut, re, mi, Fa. Fa, mi, re, ut, si, la, sol, Fa.

Ton de Sol ✶
Sol, la, si, ut, re, mi, fa, Sol. Sol, fa, mi, re, ut, si, la, Sol.

Mode de La ✶ et ♭
La, si, ut, re, mi, fa, sol, La. La, sol, fa, mi, re, ut, si, La.

ARTICLE
Des Intonations par Degrés Conjoints et Disjoints.
§.I.

On peut faire passer chaque espece d'Intervalle sur tous les Tons ou Modes, moyennant les différentes Clefs déjà citées et qu'on citera dans toutes les Pages qui l'exigeront.

Exemple
En Majeur avec des Diezes ✗

En Majeur avec des Bémols ♭

Remarque.

Parmi les différens Signes dont on fait usage dans la Musique, le Guidon en est un, qu'on marque ainsi ⁓ à la fin d'une Ligne ou d'un Espace pour indiquer la Note qui doit continuer le Chant.

Exemple de Secondes.

Exemple
Des Septiemes Conjointes et Disjointes.

Exemple
De deux octaves Conjointes et Disjointes.

On passe les autres octaves par degrés con-
-joints, parcequ'il faudroit beaucoup de diezes et
de bémols accidentels pour les faire selon les rè-
-gles de la gamme diatonique. On met à leur place
les intervalles de quelques accords parfaits, après
lesquels se trouvent plusieurs octaves disjointes.

RECAPITULATION.

Des Tierces, Quartes, Quintes, Sixtes, Septiemes, et Octaves Disjointes.

Exemple
des
Tierces.

On peut supprimer les Intervalles trop hauts pour certaines voix; et l'on ne prend alors que ceux qui peuvent convenir.

Remarque.

Si l'on se sert de la Page Noire avec le Crayon Blanc, on pourra multiplier à l'infini tous ces exemples, tant en Majeur qu'en Mineur.

Article.
De la Mesure.

La Mesure est un des Caracteres le plus Distinctif de la Musique: C'est elle qui fixe et dirige le nombre et la valeur des Notes. Le Chant ne seroit qu'un Chaos de Tons Monotones, si la Mesure n'en déterminoit pas la durée. Nous allons en exposer les différentes especes avec les Signes, ou les Chiffres qui les indiquent. Observez qu'une grande partie de tous ces Signes, seroit inutile à sçavoir, et encore moins à pratiquer, si la Musique déjà écrite n'en exigeoit pas la connoissance, pour pouvoir l'exécuter.

S. I.
Des Mesures Simples et Composées.

Les Mesures encore en usage, sont ou Simples ou Composées. Elles sont Simples, lorsqu'une seule Note peut remplir un Temps : Elles sont Composées, lorsqu'il en faut Trois, ou leur valeur. La Table ci-dessous apprendra les combinaisons des Notes, pour chaque espece de Mesu:

Mesures à deux-Temps, simples.			Mesures à deux-Temps, composées.		
Deux fois	1 font	2	Deux fois	3 font	6
.	2 .	4	.	6 .	12
.	4 .	8	.	12 .	24
.	8 .	16			
.	16 .	32			

Mesures à quatre-Tems, simples.			Mesures à quatre-Temps composées.		
Quatre fois	1 font	4	Quatre fois	3 font	12
.	2 .	8	.	6 .	24
.	4 .	16	.	12 .	48
.	8 .	32	.	24 .	96

Mesures à trois-Temps, simples.			Mesures à trois-Temps, composées.		
Trois fois	1 font	3	Trois fois	3 font	9
.	2 .	6	.	6 .	18
.	4 .	12	.	12 .	36
.	8 .	24	.	24 .	72
.	16 .	48			

S. II.

La Mesure se bat avec la Main ou avec le Pied. Elle est bornée par des barres perpendiculaires qui en déterminent le commencement et la fin. Le premier des deux chiffres indique la quantité des Notes dans la mesure, et le second la qualité, ou l'espèce.

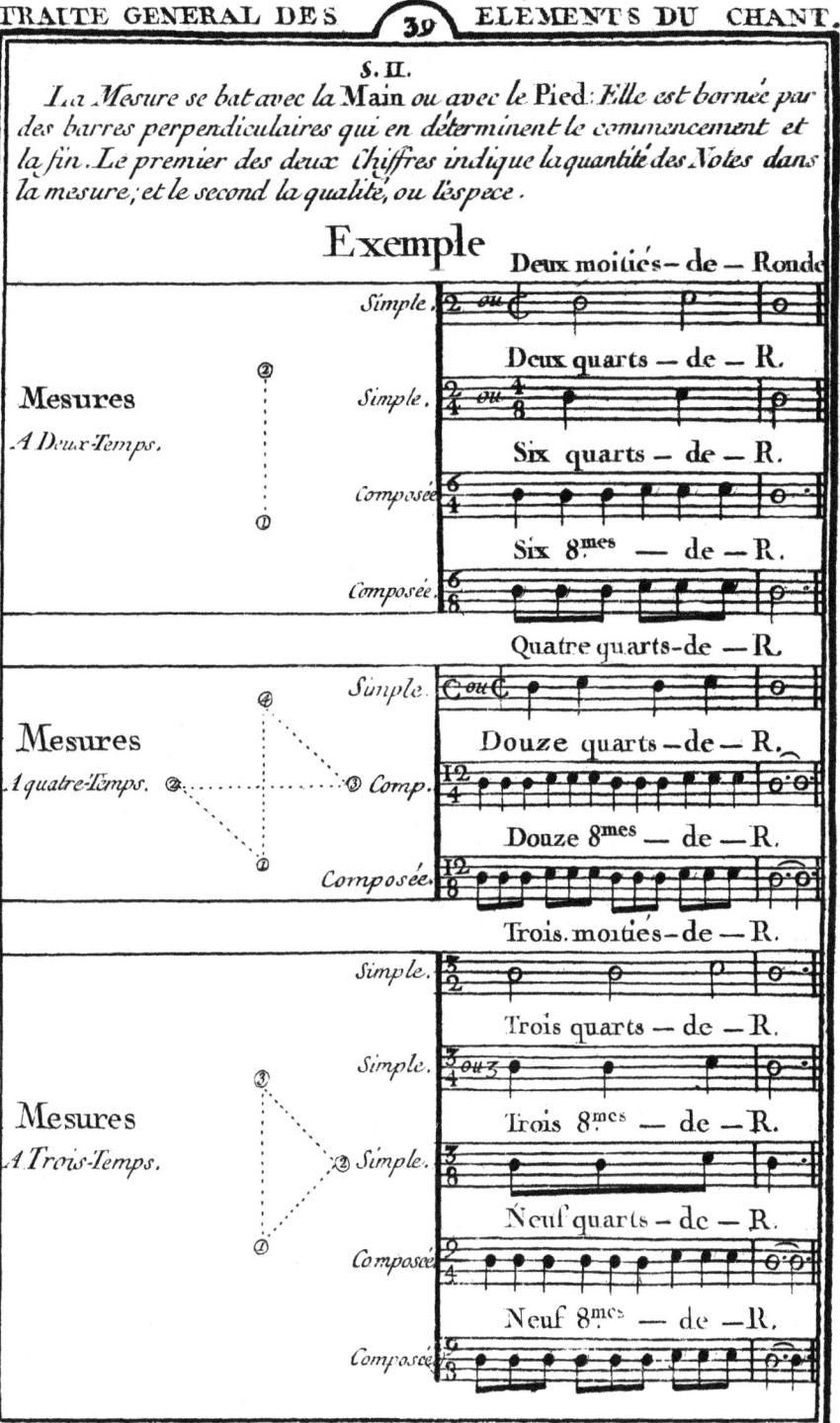

Article

Des Mesures qu'on peut simplifier en ré-
-duisant au nombre de Trois Signes les dou-
-ze qui composent le Tableau de la Page pré-
-cédente.

Les Chiffres qu'on place au commencement d'un Air pour indiquer l'espece de Mesure qui en fait le Caractere, pourroient se réduire à un 2, un 3. et $\frac{2}{3}$. Cette réduction suffiroit pour exprimer tous les Mouvemens possibles. Le 2 Signifieroit la Mesure partagée en Deux-Temps égaux. Le 3, en Trois-Temps aussi égaux. Le $\frac{2}{3}$ signifieroit la Mesure à Deux-Temps iné--gaux, et on l'écriroit comme s'il n'y avoit qu'un 3. La différence qu'on trouveroit dans cette inégalité, seroit la même que celle de 2 à 1; c'est-à-dire, que si trois Notes de la même espece composoient la valeur d'une Mesure, on en mettroit deux pour le premier Temps, et une pour le second. Par le moyen de cette réforme, on fixeroit invariablement, et d'une façon fort simple, les valeurs des Notes pour toutes les Mesures. Les exemples qu'on en donnera, en parlant des Rapports, à la sui--te de la premiere partie des Leçons de Chant, serviront de preuve. La raison qui a fait conserver l'ancien usage, c'est qu'on a cru pouvoir déterminer le mouvement des Airs, par cette multitude de Chiffres : Erreur que le préjugé n'a que trop autorisée, puisqu'on est obli-gé d'en avertir au commencement de chaque piece de Musique, avec des Termes, tantôt Itali-ens, tantôt François.

Exemple
Des uns et des autres Termes.

Allegro.........	Gai, Gaiment, Léger, Légérement.
Allegretto.........	un peu Gai.
Allegro assai......	Fort Gai.
Amoroso......	Tendrement, ou amoureusement.
Andante...........	De mouvement.
Andantino.........	un peu de mouvement.
Brillante.........	Brillant.
Cantabile......	Qui est chantant, ou aisé à chanter.
Grazioso......	Gracieux, ou Gracieusement.
Spirituoso.. con Spirito.	Avec esprit.
Maestoso...........	Majestueusement.
Presto.. un poco presto.	Vite... un peu vite.
un poco piu Presto...	un peu plus vite.
Prestissimo.........	Tres vite.
Largo.............	Gravement.
Larghetto.........	un peu Grave.
Adagio............	Lentement.

Languente	Triste et Languissant.
Recitativo	Récitatif.
Patetico	expressif ou avec sentiment.

Il y a d'autres Termes qui servent à indiquer les Nuances qu'il faut observer pour bien exécuter une piece de Musique.

Exemple.

Piano	Doux, Doucement.
Pianissimo	Fort doux.
Dolce, un poco Dolce	Doux... un peu doux.
Forte... un poco Forte	Fort... un peu fort.
Fortissimo	Très-fort.
Mezza voce	à demi Voix.
Crescendo	en augmentant le son peu-à-peu.
Smorzando	en laissant éteindre le son.
Sustenuto	en soutenant le son.
Pizzicato	en Pinçant.
col Arco	avec l'Archet.

Exemple

De quelques Termes qui ont d'autres usages.

Molto	beaucoup.
Solo	Seul.
Duetto	Petit Duo.

DES ELEMENS 43 DU CHANT.

Tutti, choro	Tous, ensemble, ou chœur.
Da Capo	allez au Commencement.
al Segno	au Renvoi, ou petite reprise.
Segue	Continuez.
Volti subito	Tournez vite.
al Fine	au mot Fin.
per Uno, Due, Tre,	pour un, deux, trois,
Quatro Cinque. &c.	quatre, cinq. &c.
Aria	Grand Air.
Arietta	petit Air.
Sonata	Sonate.
Sinfonia	Symphonie.
Cantata	Cantate.
Canzone	Chanson.
Canzonetta	petite Chanson, ou Vaudeville.
Opera prima	première Œuvre
Opera Secunda	Seconde Œuvre.

On trouvera dans le courant de cet Ouvrage plusieurs autres Articles qu'on a cru fort essentiels pour la simplicité du Mesuré et du Noté. Voyez la Page 98 et suivantes jusqu'à 104.

ARTICLE

Des Variations sur tous les Tons Majeurs et Mineurs que l'usage autorise plus ou moins.

§. I.

De la Mesure Simple marquée par 2 ou ₵.

Cette Mesure se bat à Deux Temps, le 1.ᵉʳ se frappe, et le 2.ᵈ se leve. Il faut une Ronde ou sa valeur pour remplir cette Mesure. Les Croches se passent inéga-les, c'est-à-dire, que la 1.ᵉʳᵉ est beaucoup plus longue que la 2.ᵈᵉ à proportion du mouvement que l'on exécute. Il y a des exceptions qu'il faudra bien re-marquer lorsqu'il en sera tems. Nous commence-rons d'abord par les exemples les plus simples sur le Ton Majeur, avec des variations aisées, pour connoître les différentes valeurs des Notes, et pour fixer l'égalité de la Mesure. Il seroit bon de fai-re passer le même Chant sur Tous les Tons que les différentes Clefs présentent, par le moyen des Dièzes ou des Bémols.

Exemple
Des Rondes en Majeur.

ARTICLE
Des Cadences.

On appelle improprement Cadence, un Martel=lement plus ou moins long, que deux Notes voisi-nes forment par Ton ou par demi-Ton. Le vrai sens d'une Cadence en Musique, vient du mot Italien Cadenza, en françois Chute, ou du mot latin Cadere, qui signifie Tomber. Cette Chûte en Musique est une terminaison complette ou non complette dans la Modulation du Chant. Si les Martellemens ne se fesoient que dans ces sortes de Finales, le mot Cadence que nous em--ployons, seroit plus expressif: Mais comme on l'em--ploie souvent dans la liaison des phrases mu--sicales, il perd un peu de sa qualité spécificative. Cependant on se conformera à l'usage, puisqu'il autorise cette petite imperfection. Les Italiens la marquent ainsi t 1.ere Lettre du mot Trillo, qui signifie Tremblement. Nous la marquons par une espece de Croix +, quand elle est pleine ou entiere. On la prépare alors, ou bien on la jette. Celle qui se prépare, ne prend son Martellement, qu'après avoir soutenu la Note qui l'annonce. Celle qui se jette part subitement.

Observez que la Cadence pleine qu'on a preparée
doit se battre le plus vivement et le plus égale-
-ment qu'il est possible. Ceux qui sont encore
attachés aux anciennes rubriques, blameront
peut-être la suppression de la Cadence à pro-
-gression. On ne la supprime qu'après avoir
consulté des personnes de l'Art et de Goût

§.I.
De la Cadence pleine à progression qu'on supprime

§.II.
De la même Cadence, sans progression et
telle qu'on la fait ou qu'on doit la faire.

§.III.
De la Cadence Jetée.
La Cadence jetée prend, pour ainsi dire, son
Vol, tantôt de la Dominante à la seconde du Ton,
tantôt du Ton même. On en trouve souvent plusieurs
de suite comme si l'on observoit un Crescendo

§. IV.
De la Cadence Double.

La Cadence Double fait sa terminaison en montant, après avoir touché le Degré immédiatement au dessous. Elle se prépare ou se jete selon les circonstances.

Exemple.

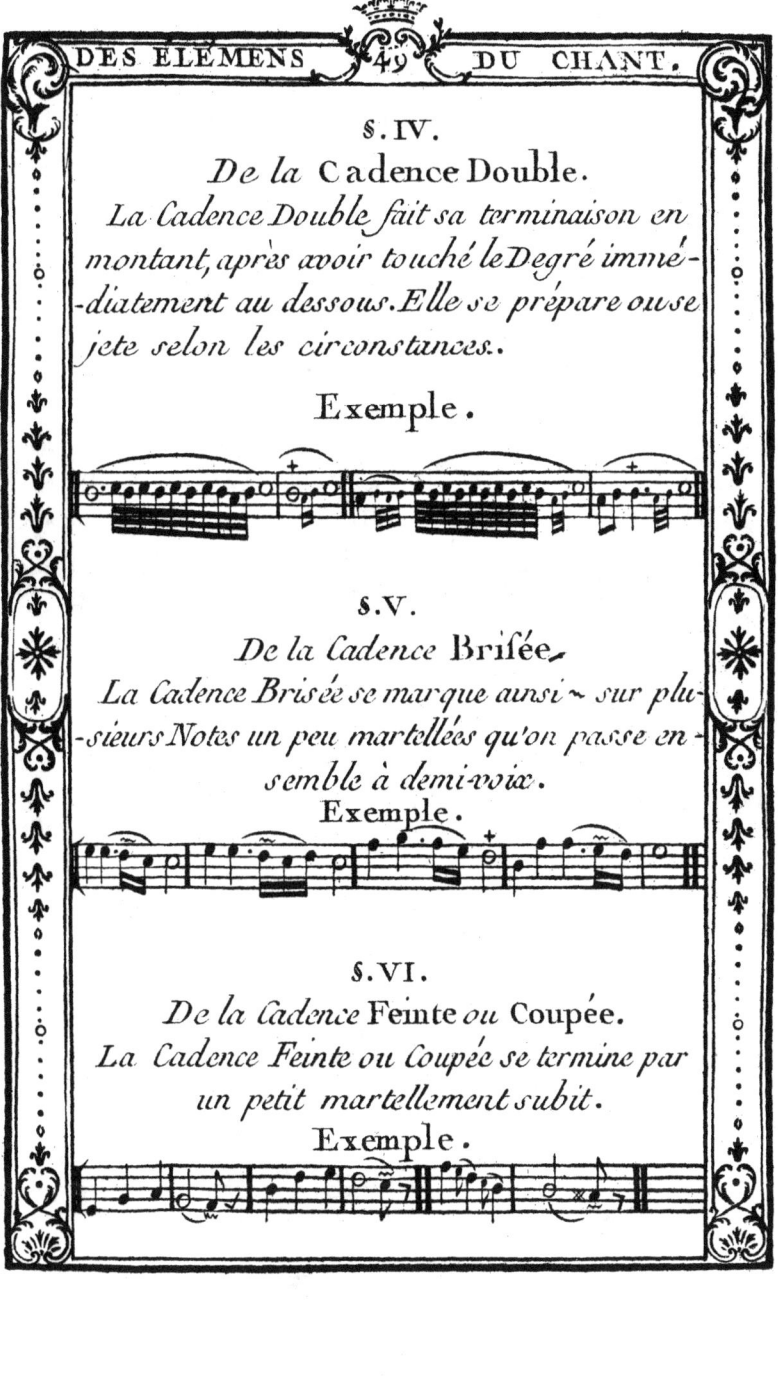

§. V.
De la Cadence Brisée.

La Cadence Brisée se marque ainsi ~ sur plusieurs Notes un peu martellées qu'on passe ensemble à demi-voix.

Exemple.

§. VI.
De la Cadence Feinte ou Coupée.

La Cadence Feinte ou Coupée se termine par un petit martellement subit.

Exemple.

ARTICLE
Des silences, des points, des syncopes,
Des remarques sur les Croches.

§.I.
Des Silences.

7. Pauses.   Cadence jetée et Doublée

§.II.
Des Points.

                              Cadence pleine

§.III.
Des Syncopes

La Syncope est une Note dont une partie se trouve dans un Temps, et l'autre dans le Temps suivant. Il n'est pas nécessaire que ces deux parties soient toujours égales puisque les Liaisons ⌒ sur des notes de différente espèce forment aussi la Syncope.

Exemple.

Autre Ex.

Cadence jetée

DES ELEMENS 51 DU CHANT.

§. IV.
Des Croches.

Les Croches se coulent ou se passent égales lors-qu'elles vont de trois en trois, ou de six en six ; alors on les couronne d'un ⌢3, ou d'un ⌢6, avec une Liaison, et on les appelle Trois pour deux ou Six pour quatre, parcequ'elles n'ont que la même valeur dans la Mesure.

Exemple.

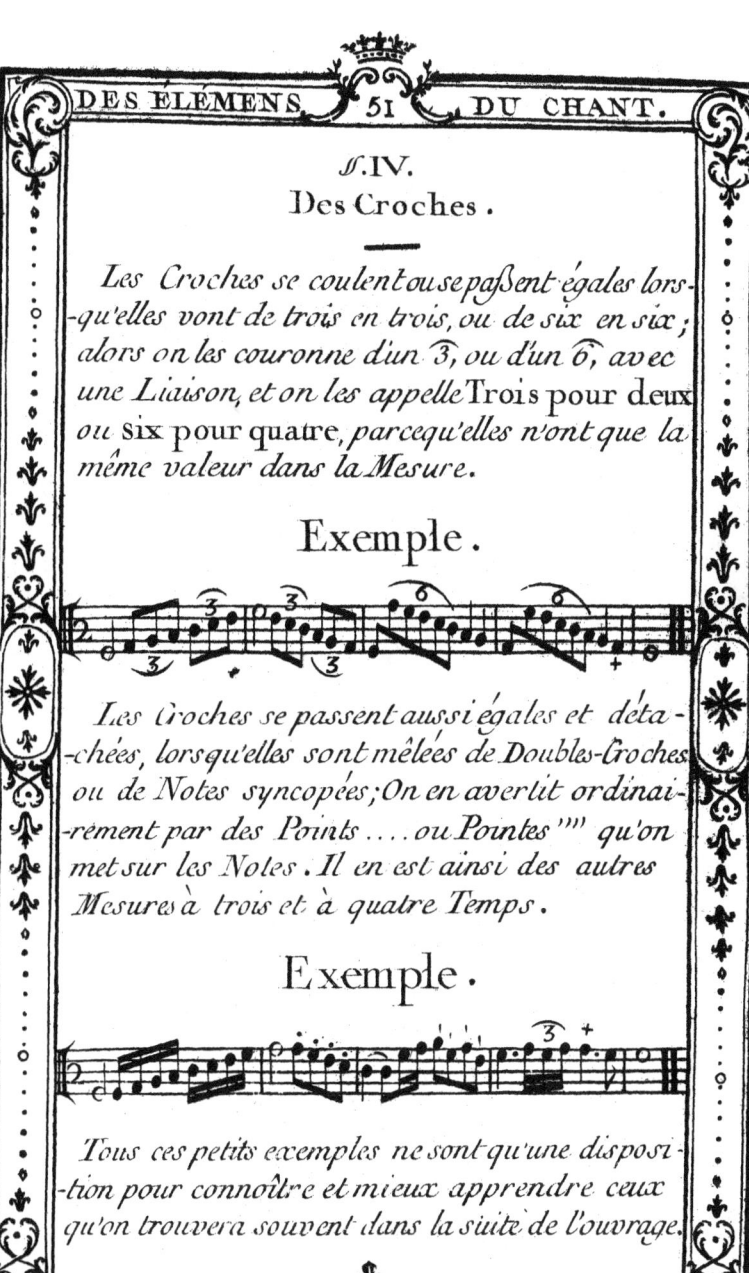

Les Croches se passent aussi égales et déta-chées, lorsqu'elles sont mêlées de Doubles-Croches ou de Notes syncopées ; On en avertit ordinai-rement par des Points.... ou Pointes '''' qu'on met sur les Notes. Il en est ainsi des autres Mesures à trois et à quatre Temps.

Exemple.

Tous ces petits exemples ne sont qu'une disposi-tion pour connoître et mieux apprendre ceux qu'on trouvera souvent dans la suite de l'ouvrage.

Suite de l'Article des Mesures Simples et Composées, avec des Variations sur les Octaves Majeures et Mineures.

Toutes les Variations qu'on trouvera, sont autant de Traits de Chant qu'on appelle Phrases Musicales. Chaque Phrase en Musique est une terminaison complette ou suspendue, comme dans le discours, dont plusieurs Membres Composent une Période. On en joint ici quelques Modeles pour donner une idée plus claire de l'objet qu'on se propose. On les croit fort nécessaires pour mieux saisir, au moyen de choses aisées les différens Mouvemens des Mesures, sur Tous les Tons que nous présenterons dans le besoin. Les Maîtres de l'Art sauront développer sur la Page Noire avec le Crayon Blanc cet Article essentiel pour l'avancement des Ecoliers, même en les Amusant. Chaque Phrase, dans les exemples qui vont suivre remplit un Temps ou une Mesure, et quelquefois deux. Le Guidon qu'on y trouve indique le Degré qu'il faut prendre pour continuer le même Trait, en observant les mêmes positions un Degré plus haut. Lorsqu'on veut descendre, il faut que la Marche se trouve en sens contraire. Voiez aussi en Ton Mineur, si la sixieme et la Sept.^{me} montent ou descendent; leur différence est d'un Demi-Ton.

Des Mesures Simples.

A Deux-Temps	A Quatre-Temps	A Trois-Temps
2 – ou – ¢	C – ou – ¢	3/2
2/4 – ou – 4/8		3/4 – ou – 3
		3/8

§. I.

Comme nous avons déjà parlé à la Page 44, de la Mesure Simple à 2, ou ¢, On se contentera d'y renvoyer pour voir la valeur des Notes qui composent les Variations suivantes sur la même Mesure, tant en Majeur qu'en Mineur.

§. II.

À la Mesure Simple à $\frac{2}{4}$, ou $\frac{4}{8}$, il faut deux Noires, ou leur valeur; et l'on en prend une pour chaque Temps. Les Croches se passent égales, et les Doubles-Croches se piquent, hors le cas d'exception, c'est-à-dire, lorsqu'il n'y a point de Triples-Croches, ni de points ou pointes par dessus, pour les faire passer égales. Remarquez aussi qu'on peut, dans les variations, laisser subsister les Notes qui ne sont pas arrangées, comme celles des autres Temps, dans les premiers exemples de chaque espèce de Mesure.

Exemple en Majeur.
Voyez l'ordre des Clefs Page 50, ou 53.

Var.

Autre Exemple.

Var.

Mesure Simple à Quatre-Temps.

§. III.

A la Mesure Simple à Quatre-Temps qu'on marque ainsi C ou ₵, il faut quatre Noires ou leur valeur; et l'on en prend une pour chaque Temps. Les Croches se passent égales, et les Doubles-Croches se piquent. On ne met cette Mesure à la suite de $\frac{2}{4}$, ou $\frac{4}{8}$, que pour faire voir le Rapport immédiat de l'une à l'autre; puisque celle qui est à Quatre, n'est qu'un double de celle qui est à deux.

Exemple.

en Majeur.

Var.

Mesures simples à Trois-Temps.

§. IV.

A la Mesure Simple à Trois-Temps marquée par $\frac{3}{2}$, Il faut trois Blanches, ou leur valeur, et l'on en prend une pour chaque Temps. Les Noires se piquent, c'est à dire, quelles se passent inégales. Les Blanches qui ont un Crochet, ou qui sont liées par une barre, produisent un effet semblable à celui des Noires.

Exemple en Majeur.

Var.

§. V.

A la Mesure Simple à $\frac{3}{4}$ ou 3, il faut trois Noires, ou leur valeur; et l'on en prend une pour chaque Temps. Les Croches se passent inégales, pourvu qu'elles ne soient pas couronnées d'un 3, ni Mélangées de Doubles-Croches. On les désigne quelquefois égales en les couvrant avec des points... ou Pointes'''

Ex. en Majeur.

Var.

§. VI.

A la Mesure Simple à $\frac{3}{8}$, Il faut Trois Croches, ou leur valeur; et l'on en prend une pour chaque Temps. Les Doubles-Croches se passent inégales, hors le cas des exceptions déjà citées. Il faut observer aussi que toutes les Mesures à Trois-Temps Simples peuvent se battre à Deux-Temps inégaux, lorsque le Mouvement est assez vif ou léger. Cette inégalité s'observe en doublant la valeur du premier Temps.

Exemple.
en Majeur.

Var.

Des Mesures Composées.

A Deux-Temps	A Quatre-Temps	A Trois-Temps
$\frac{6}{4}$	$\frac{12}{4}$	$\frac{9}{4}$
$\frac{6}{8}$	$\frac{12}{8}$	$\frac{9}{8}$

§. VII.
Mesures Composées à deux-Temps.

A la Mesure Composée à $\frac{6}{4}$, Il faut six Noires ou leur valeur ; et l'on en prend Trois pour chaque Temps, qu'on passe égales. Les Croches se piquent.

Exemple *en Majeur.*

Variations.

§. VIII.
A la Mesure composée à $\frac{6}{8}$, Il faut six Croches, ou leur valeur ; et l'on en prend Trois pour chaque Temps, qu'on passe égales : Les Doubles-Croches se piquent.

Exemple *en Majeur.*

Variations.

Mesures Composées
à Quatre Temps.

§. IX.

A la Mesure Composée à $\frac{12}{4}$, Il faut douze Noires ou leur valeur; et l'on en prend Trois pour chaque Temps, qu'on passe égales: Les Croches se piquent.

Ex. en Majeur.

Var.

§. X.

A la Mesure à $\frac{12}{8}$, Il faut douze Croches, ou leur valeur; et l'on en prend Trois pour chaque Temps, qu'on passe égales. Les Doubles-Croches se piquent.

Ex. en Majeur.

Var.

Mesures Composées
à Trois-Temps.

S. XI.

A la Mesure à $\frac{9}{4}$, Il faut neuf Noires, ou leur valeur; et l'on en prend Trois pour chaque Temps, qu'on passe égales. Les Croches se piquent.

Exemple
en Majeur.

Var.

S. XII.

A la Mesure à $\frac{9}{8}$, Il faut neuf Croches ou leur valeur; et l'on en prend Trois pour chaque Temps, qu'on passe égales: Les Doubles-Croches se piquent.

Ex. en Majeur.

Var.

Article

De quelques Termes de l'Art, dont il faut connoître les Signes et la propriété, avant que de Chanter les Airs Mesurés. Comme

Renvoi, Reprise, Rondeau, Liaison, Tenue, Point-de-Repos, Point-d'Orgue, et Passage-chromatique.

§. I.

Le Renvoi ou Petite Reprise se marquent ainsi § ou ⁑. On les place sur un Guidon ∽ pour indiquer la Note du Chant qu'on doit reprendre jusqu'à la premiere finale.

§. II.

La Grande Reprise se marque ainsi :||: ou |:|. Elle partage un Air en deux parties, dont chacune se dit deux fois; Mais si le mot Fin se trouve sur la derniere Note de la premiere partie, cette espece d'Air est un Rondeau composé de deux ou de trois et quelque fois de quatre parties qu'on termine Alternativement en répétant la premiere Reprise jusqu'au mot Fin.

§. III.

La Liaison se marque ainsi ⌒ ou ‿. Elle embrasse plusieurs Notes avec leur valeur, sous la même dénomination. Si les Notes liaisonnées se trouvent sur differens degrés, on nomme plutôt la Seconde que la premiere. Il y a encore de petites liaisons pour certains goûts de Chant qu'on apprendra par l'usage.

§.IV.

La Tenue se désigne par une Note longue, ou plusieurs liées ensemble sur le même degré.

§.V.

Le Point-de-Repos se marque ainsi ⌢ ou ⌣ Il produit une Tenuë mourante qui suspend le Mouvement pour quelque Temps, au choix du Musicien.

§.VI.

Le Point-d'Orgue se marque ainsi ⌢ ou ⌣ comme le Point-de-Repos. Il est caractérisé par un Chant de Caprice qu'on fait sur les Finales. Les Chanteurs Italiens et les Joueurs d'Instrumens en font grand Usage. On le marque toujours sur la Dominante du Ton qu'on exécute.

§.VII.

Le Passage-Chromatique est un Filé qui monte ou qui descend insensiblement d'un demi-Ton Mineur. Il se trouve toujours sur deux Notes de même Nom. On peut le marquer ainsi pour monter, ; et le marquer en sens contraire pour descendre . Cette espece de Passage tendre et plaintif pourroit aussi s'appeller Chromatique-Enarmonique, puisque ce dernier Genre y est toujours glissé.

Article
Des Agrémens du Chant.

L'USAGE des Méthodes est de ne parler des Agrémens du Chant, qu'après avoir Chanté. Si l'on prend dans celle-ci le parti contraire, on croit se justifier assez en disant qu'il faut au-moins avoir d'avance une Idée des Signes qu'on doit employer dans l'exécution Musicale. Quoique les Ecoliers ne les entendent pas, le Maître les entend, et cela suffit : Il pourra, dans l'occasion, les faire remarquer. Comme on ne finiroit pas, si l'on vouloit parler de tout ce qui a rapport à cet objet bien délicat, on se borne à passer légère-ment sur quelques Signes qui indiquent ce qu'on appelle Communément la propreté du Chant. Nous les réduisons en Termes de l'Art au nom-bre de Six des plus Usités. Comme

Accent, Martellement, Port-de-Voix, Filé, Coulé et Pincé.

Si le vrai goût et l'usage ordinaire, étoient parfaitement d'accord, les Cadences dont nous avons déjà parlé à la page 48, pourroient se joindre à cet Article, comme un des plus beaux ornemens du Chant. Mais quelle dis-tance de l'un à l'autre ! le premier est un Sage qui observe tous les à propos ; et le second n'est souvent qu'un prodigue sans choix.

DES ÉLÉMENS DU CHANT.

§. I.
De l'Accent.

Parmi toutes les significations qu'on peut attribuer au terme d'accent, On ne parlera que de celle qui convient le plus au sujet que nous traitons.

L'accent, qu'on marque ainsi ♪ ou ✕ ou ♪ ou ✕♫, est un coup de Gosier plus ou moins tendre ou vif, qui sert à fermer avec Art et d'une façon gracieuse la Note que l'on quitte. On le renverse quelque fois et on peut le marquer ainsi .

Ex.

§. II.
Des Martellemens.

Le Martellement se fait avec deux Notes à l'imitation de deux Touches voisines du Clavecin qu'on bat successivement ou par Tons, ou par demi-Tons; Il est plus ou moins long ou bref, plus ou moins tendre ou vif. Enfin on l'applique à plusieurs Caracteres. Il y a aussi des Martellemens si insensibles, qu'on doit seulement les regarder comme de simples Vibrations ou frémissemens sur le même Ton; et alors on peut les marquer ainsi ⁓

Ex.

§.III.
Du Port-de-Voix.

Le Port-de-Voix se divise en Réel et en Feint. Celui qui est Réel se marque pour l'ordinaire ainsi v. Il sert particulièrement à flatter les Notes dans les Airs tendres. On le fait d'abord partir de la Note qu'on quitte, jusqu'à celle qui doit être portée : Il survient alors une petite ondulation dans la voix qui touche le degré voisin en dessous, avant que de prendre Celui qu'on nomme, qu'on file, et qu'on termine toujours par un Accent.

Exemple.

§.IV.
Du Port-de-Voix Feint.

Le Port-de-Voix Feint se distingue du Réel, en ce qu'il suspend long-temps les petites Notes de Passage. Il se marque ainsi ♭ou♯ sur le degré au dessous de la Note qui porte cette espece d'Agrément.

Exemple.

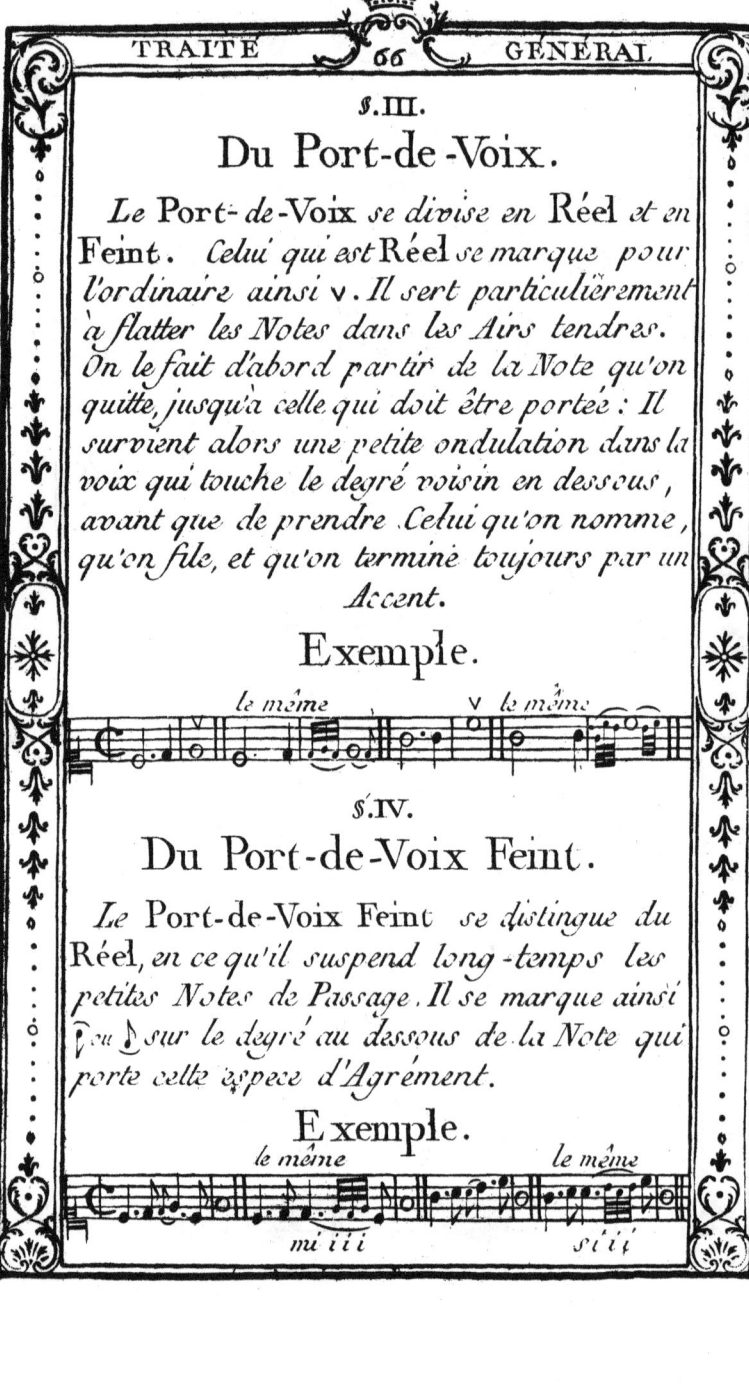

§.V.
Des Filés.

Les Filés qu'on peut marquer ainsi ◇ se font par progression en augmentant le Volume de la voix insensiblement. Leur ré- -trogradation en sens contraire se termine par un Accent. C'est ordinairement sur quelque Note longue, ou sur plusieurs liées ensemble dans le même degré (appellées Tenue) qu'on place les filés. Ces sortes de Tenues sont souvent précédées d'un Port-de-voix, et terminées par un Accent.

Exemple.

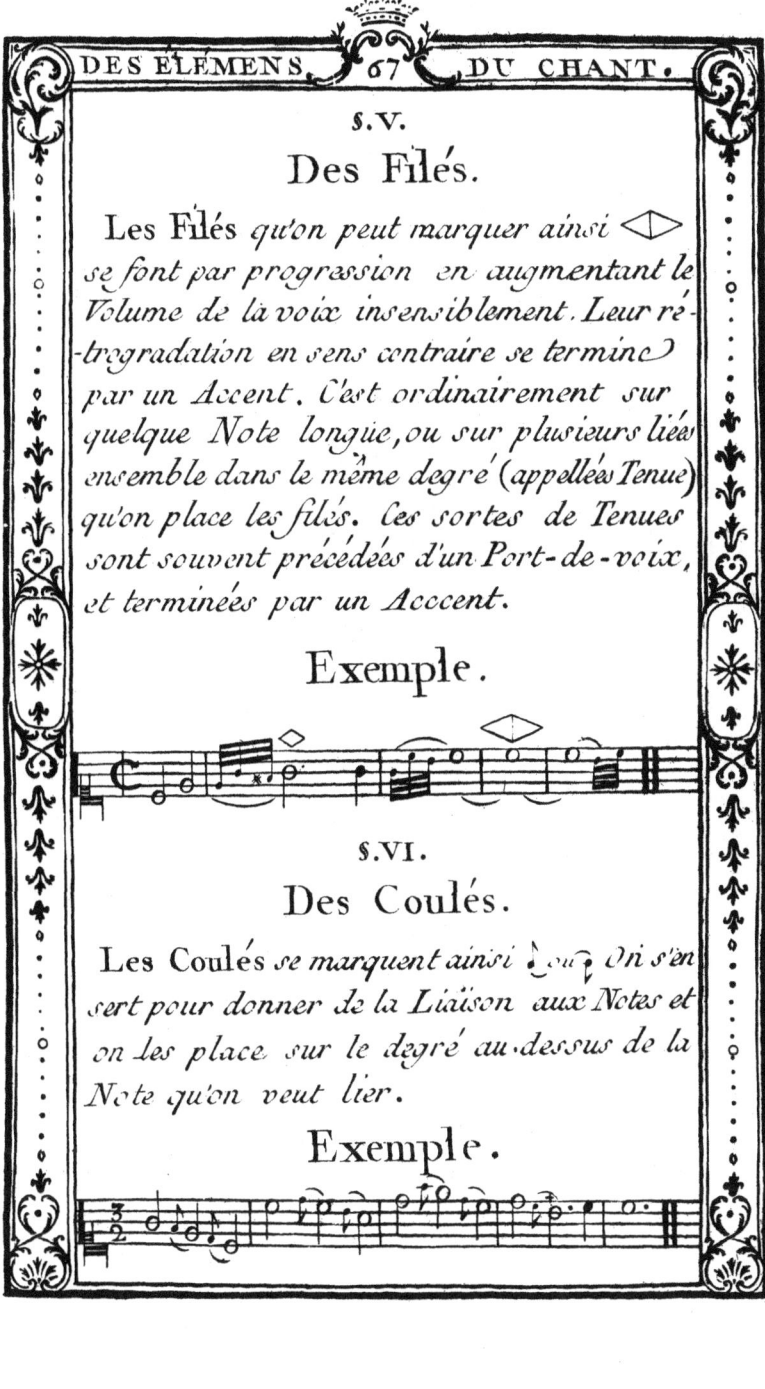

§.VI.
Des Coulés.

Les Coulés se marquent ainsi ♪ ou ♪ On s'en sert pour donner de la Liaison aux Notes et on les place sur le degré au-dessus de la Note qu'on veut lier.

Exemple.

§. VII.
Des Pincés.

Les Pincés se marquent ainsi ⁓. On en fait souvent usage dans les Airs gais et déta--chés, pour caresser les Notes, s'il est permis de le dire ainsi, avec de petits Martellemens coupés. Le Mouvement du Chant les rend plus ou moins vifs.

Exemple.

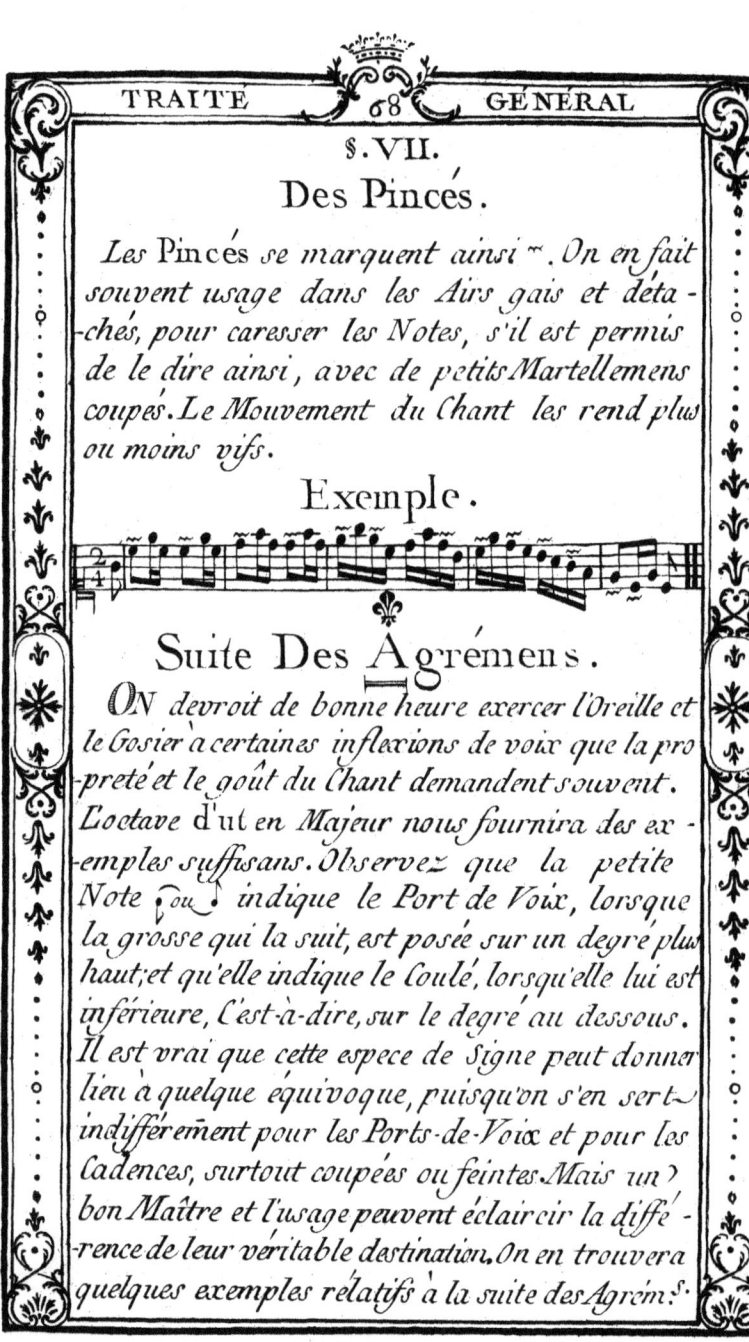

Suite Des Agrémens.

ON devroit de bonne heure exercer l'Oreille et le Gosier à certaines inflexions de voix que la pro--preté et le goût du Chant demandent souvent. L'octave d'ut en Majeur nous fournira des ex--emples suffisans. Observez que la petite Note ♪ ou ♪ indique le Port de Voix, lorsque la grosse qui la suit, est posée sur un degré plus haut; et qu'elle indique le Coulé, lorsqu'elle lui est inférieure, c'est-à-dire, sur le degré au dessous. Il est vrai que cette espèce de signe peut donner lieu à quelque équivoque, puisqu'on s'en sert indifféremment pour les Ports-de-Voix et pour les Cadences, surtout coupées ou feintes. Mais un bon Maître et l'usage peuvent éclaircir la diffé--rence de leur véritable destination. On en trouvera quelques exemples relatifs à la suite des Agrém:ˢ

ARTICLE.

De quelques Passages de Chant, Des fusées, Des Roulades ou Tirades.

§.I.

Quoique cet Article eût dû se placer à la fin de l'ouvrage, puisqu'il dispose à la réunion des Paroles avec la Musique, on a cru pouvoir le joindre ici sans conséquence, comme un préliminaire très indifférent dans la circonstance présente. Les Passages dont il est question, font tantôt partie de la valeur des Notes qui composent la Mesure, tantôt ils ne servent que de Liaison pour l'Agrément arbitraire du Chant. Si toute la Musique étoit syllabique, c'est-à-dire, si chaque syllabe d'un mot étoit rendue par une seule Note, on ne penseroit pas à donner cet Article tel qu'il est. Mais la trop grande complication des Notes qu'on emploie souvent pour exprimer le même Son *Alphabétique*, le rend indispensable. Il faudra donc à temps et lieu accoutumer la Voix à passer plusieurs Notes par un seul coup de Gosier, au moyen d'une syllabe ou d'une voyelle. Quand nous en serons aux Airs qui se chantent avec des Paroles, on s'appercevra de l'utilité des exemples suivans, ou de mille autres à leur place, que

DES ÉLÉMENS 71 DU CHANT.

les Maîtres peuvent y substituer par le moyen du Crayon Blanc ou autrement, c'est-à-dire, comme ils le jugeront à propos.

Exemple
De quelques Passages.

ut, re, ut, re, mi, fa, mi, fa, sol.   ut, mi, re, fa, mi, fa, sol.
u. u. u. ut. mi. i. i. i. sol.   u. u. u. u. u. ut. sol.
La........Dou........ceur.   l'a................r=deur.

ut, re, si, ut, re, si, ut.   ut, re, si, ut, re, si, ut.
ba........be........bi.   ba......bo......bu.
les........oi........seaux. Ra......ma......ge.

ut, re, mi, re, mi, fa, mi.   ut, re, mi, re, mi, fa, mi.
u....t...re............mi.   ut......re..........mi.
L'a......mi............tié,   sin....ce........re.

mi, fa, mi, re, mi, re, ut.   mi, fa, mi, re, mi, re, ut.
mi..........re............ut.   mi......re......ut.
tout........me........dit,   fi..........nis......sez.

§. II.
Des Fusées.

La Fusée est un Trait de Chant plus ou moins long, composé de plusieurs Notes rapides qui montent ou qui descendent par Degrés Conjoints. Quand il y a des paroles, une seule Syllabe embrasse toutes les Notes du Trait.

Exemple.

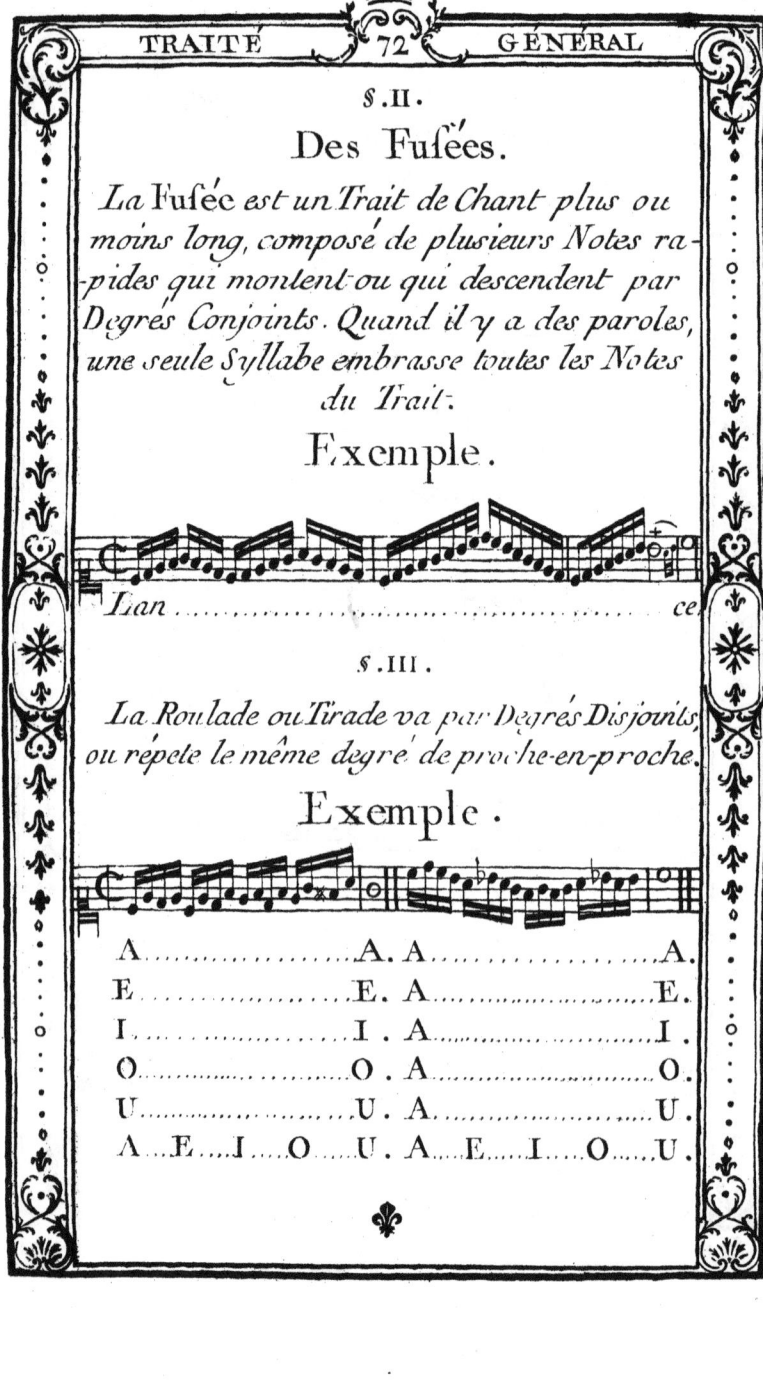

Lan..ce.

§. III.

La Roulade ou Tirade va par Degrés Disjoints, ou répete le même degré de proche-en-proche.

Exemple.

A	A. A	A.
E	E. A	E.
I	I. A	I.
O	O. A	O.
U	U. A	U.
A. E. I. O. U.	A. E. I. O. U.	

Premiere Partie

DES Leçons de Chant dont les Modulations et les Traits varient, soit en Majeur, soit en Mineur, pour servir d'introduction à celles de la Seconde Partie. Si l'on y ajoute un accompagnement de remplissage, c'est pour accoutumer l'oreille à l'harmonie.

ON doit observer qu'on ne fait pas usage du Bécarre dans cette Méthode, pour remettre les Notes dans leur Ton naturel, après l'altération qu'un Dieze ou qu'un Bémol y produit. Nous ne supprimons ce Signe respectable par son antiquité, que parcequ'il donne souvent lieu à des Equivoques, surtout lorsque les Notes sont altérées ou par deux Diezes ou par deux Bémols ensemble, dont le premier se trouve à la suite d'une Clef, et le second accidentellement, c'est-à-dire, dans le Courant d'un Air. D'ailleurs l'effet du Dieze et du Bémol étant bien déterminé pour faire un Demi-Ton, ou plus Haut ou plus Bas, il est inutile d'en Multiplier les Signes sans nécessité.

DES ELEMENS 85 DU CHANT.

se bat à Quatre Temps Voyez la page 60.

DES ELEMENS 89 DU CHANT.

...se bat à Trois Temps. Voyez la page 57.

DES ELEMENS 91 DU CHANT.

3/4 se bat à Trois-Temps. Voyez la page 57.

DES ELEMENS 95 DU CHANT.

se bat à Trois-Temps. Voyez la page 61.

ARTICLE I.

Des Rapports des Mesures.

§. I.

Les Mesures Simples à Deux et à Quatre-Temps, pourroient se réduire à un seul Signe qui seroit un 2.

§. II.

Les Mesures Simples à Trois-Temps devroient se marquer seulement par un 3.

§. III.

Les Mesures Composées à Deux, à Trois, et à Quatre-Temps, devroient être indiquées par les Chiffres $\frac{2}{3}$, et se battre à Deux-Temps inégaux, c'est-à-dire, que le premier Temps vaudroit le double du second, et on Noteroit cette espece de Mesure, comme celle qui est marquée par un 3. On se serviroit de ce dernier Mouvement toutes les fois que le Chant seroit assez léger, ou qu'il ne seroit point entremêlé de Notes Syncopées, ou désignées par des Points... Cette Mesure inégale se répete deux fois aux Mesures Composées

DES ELEMENS   DU CHANT.

à Deux-Temps qu'on marque par $\frac{6}{4}$ et $\frac{6}{8}$. Trois fois aux Mesures Composées à Trois-Temps marquées par $\frac{9}{4}$ et $\frac{9}{8}$; et on la répete quatre fois aux Mesures Composées à Quatre-temps, qu'on désigne par les Chiffres $\frac{12}{4}$ et $\frac{12}{8}$, comme on peut le voir par les Exemples suivants. Si je n'ai pas le mérite d'être le premier à proposer cette Réforme utile, j'ai du moins celui de démontrer par des principes et des Exemples sensibles, celle que je crois la plus praticable ; et d'adopter sans restriction les vues des grands Maîtres * qui ont traité le même sujet.

Exemple

Des Mesures Simples à Deux et à Quatre temps qu'on réduit au seul signe d'un 2.

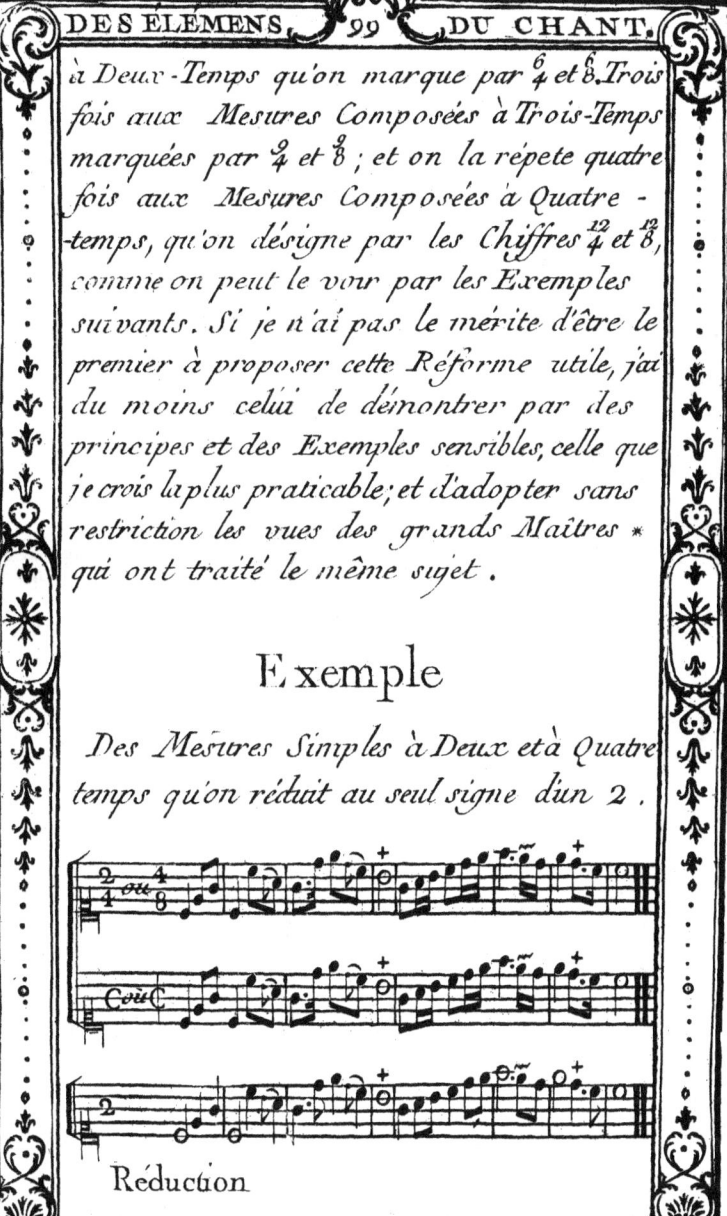

Réduction

* M.rs Rameau, Rousseau et Montéclair.

Exemple

Des Mesures Composées à Deux Temps, Qu'on peut diviser, en les désignant par les Chiffres $\frac{2}{3}$.

Réduction

Exemple

Des Mesures Composées à Quatre-Temps qu'on peut aussi diviser, en les désignant par les Chiffres $\frac{2}{3}$.

Réduction

ARTICLE II.

Des Rapports des Mesures.

§. I.

La Réduction des Mesures pourroit encore avoir une autre forme que celle qui est dans l'Article précédent. Il seroit heureux, et pour ceux qui apprennent la Musique, et pour ceux qui l'enseignent que M.M. les Compositeurs, en écrivant leurs ouvrages, voulussent bien simplifier la façon ordinaire du Noté, sans avoir égard aux objections frivoles dont on trouvera une petite Liste à la Page 185 avec les réponses qu'on peut y faire. En attendant, voyons les Nouvelles Formules des Mesures qu'une Académie de Musique (s'il en existoit) pourroit examiner, pour choisir la Meilleure, comme la seule nécessaire; et la donner pour Règle indispensable à tous les Musiciens qui feroient de la Nouvelle Musique. Si l'on trouve un moyen plus simple que ceux que je propose, je l'approuve d'avance et je promets d'être des premiers à le pratiquer.

Exemple

Des Mesures tant Simples que Composées qui devroient seules fixer l'attention des Compositeurs et des Lecteurs de Musique.

Observez que la Mesure Simple à Trois-Temps peut se battre à Deux-Temps inégaux, et prendre le Mouvement Composé du $\frac{6}{4}$ et $\frac{6}{8}$.

DEFINITIONS
De différents Airs ou Pieces de Musique Instrumentale.

L'Ouverture est une Piece de Musique Instrumentale, Composée de plusieurs Genres cõme du Noble, du Pathétique et du Vif. On s'en sert pour commencer un Opéra.

La Symphonie est une Piece à Plusieurs Instrumens, dont le Caractere varie au gré du Compositeur. On s'en sert ordinairement pour commencer un Grand Concert.

La Ritournelle annonce par des Traits d'Imitation, le Caractere du Chant qu'elle précéde.

Le Prélude est une Petite Ritournelle qui doit indiquer le Ton et le Mouvement d'un Air.

Le Concerto est une espece de Symphonie dialoguée dont le Principal Sujet, qu'on appelle Solo, s'exécute avec un seul Instrument et une Basse continue, auxquels répondent alternativement les autres Instrumens. Les Genres y sont variés.

La Sonate s'exécute avec un seul Instrument: Elle est ordinairement composée de plusieurs Genres, comme du Gracieux, du Tendre, du Gai &c. On n'y charge pas l'Accompagnement de Basse ou de quelqu'autre Instrument, afin de laisser dominer la Partie principale qui en fait le Sujet.

La Marche est un Air de Guerre à deux-Tems, dont le chant et les repos sont bien marqués.

La Chaconne est ordinairement composée de plusieurs Couplets qu'on varie de 4 en 4 Mesures. Elle se marque à Trois-Tems modérés, et commence au Second.

La Vilanelle est aussi une espece de Chaconne Gaie.

La Passacaille est aussi une espece de Chaconne; Mais lente, et qui commence par le Premier Tems de la Mesure.

Le Menuet est un Air à Trois-Tems plus ou moins Gai, qui commence en frapant. Il est composé de deux Reprises qu'on répète deux fois. Chaque Reprise contient plusieurs Repos de 4 en 4 Mesures.

La Sarabande est un Air Tendre et Gracieux, qu'on marque à Trois-Tems, comme le Menuet.

Le Passepied est un Air fort-Vif à Trois-Tems qui commence en Levant, pour le distinguer du Menuet.

La Loure est un Air Grave marqué par $\frac{6}{4}$. Elle commence ordinairement par une Croche breve qui fait le milieu du Second Tems.

La Gigue est un Air plus ou moins long, qu'on marque par $\frac{6}{8}$. Son Mouvement est très-Vif.

La Forlane est un Air Modéré qu'on marque par $\frac{6}{4}$.

Le Rigaudon se marque par $\frac{2}{4}$. Il est composé de deux Reprises, Chacune de 4, de 8, ou de 12 Mesures. Son Mouvement est toujours Vif, et Chaque Reprise commence à la derniere Note du Second Tems.

La Bourée ne differe pas beaucoup du Rigaudon.

La Gavote se marque par $\frac{2}{4}$. Elle est composée de deux Reprises, Chacune de 4, de 8, ou de 12 Mesures. Son Mouvement doit être Modéré.

Le Tambourin se marque aussi par $\frac{2}{4}$. Il a deux Reprises, Chacune de 4, de 8, ou de 12 Mesures. Son Mouvement est très-Vif, et Chaque Reprise commence pour l'ordinaire à la Première Partie du Second Tems.

La Musette est à Deux ou à Trois-Tems. Son Mouvement est Modéré, et sa Basse est toujours fort simple, et ordinairement composée d'une Tenue sur le Ton, où L'Air se trouve.

Le Carrillon est un Air qui doit imiter la Sonnerie des Cloches, dont la Modulation est Simple et Monotone.

L'Arpégement est une Batterie qu'on fait sur plusieurs Notes qui composent un Accord.

Il y a d'autres especes d'Airs dont l'usage s'est perdu. Plusieurs même, de ceux que nous venons de citer commencent à devenir Rares dans les Nouveaux Opéra.

DÉFINITIONS
Des Pieces et des Airs qu'on Chante.

L'Opéra est une Action Tirée de la Fable ou de l'Histoire, qu'on met en Vers et en Musique. Il est ordinairement composé de 3, de 4, ou de 5 Actes, et d'un Préambule qu'on appelle Prologue. Le Chant de ce Poeme, strictement dit Tragédie ou Comédie-Opéra, se varie à proportion que les Paroles l'exigent. Mais le Dialogue simple et Animé, qui est le Récitatif en est le Principal sujet, surtout dans la Tragédie-Opéra. Les Décorations, les Machines et les danses Analogues qu'on y ajoute aujourd'hui comme Parties essentielles, rendent ce Spectacle beaucoup plus intéressant.

Le Ballet est un Poeme plus Court et moins Sérieux qu'un Grand Opéra. On n'y respire ordinairement que la Gaieté des Fêtes.

L'Opéra Bouffon est un Poeme dans le Genre Comique, dont on se sert pour peindre naïvement les choses les plus simples ou communes. La Musique qu'on a coutume d'y mettre, dédommage du peu d'intérêt qu'il y a souvent dans les Paroles.

Les Fragmens sont un assemblage de plu-
-sieurs Actes choisis qui diffèrent par le Sujet.

La Cantate est un petit Poëme Dramatique, dont le Sujet, comme pour l'Opéra, est tiré de la Fable ou de l'Histoire. Une Voix Seule avec l'Accompagnement exécute les différents Genres de Musique dont elle est composée. Son insti-
-tution a été pour les Concerts Particuliers.

La Cantatille n'est qu'une petite Cantate fort Courte.

L'Ariette, en la supposant Complette, est un Grand Air qui a Deux Parties distinctes et qu'on exécute en forme de Rondeau. Tout Sujet lui est convenable.

La Petite Ariette est un Air plus ou moins étendu avec une Reprise et quelque fois sans Reprise.

Le Monologue est une Scene Dramatique qu'un Acteur Chante seul avec l'Accompagnement. L'expres-
-sion Noble et Pathétique fait son Principal Caractere.

Le Récitatif est une Scene Dialoguée entre deux Acteurs, et quelque fois plus. Son Genre est une Déclamation que la Musique doit em-
-bellir sans la dénaturer. La Mesure qu'on y marque ne s'observe pas à la rigueur.

La Brunette est une petite Chanson Tendre.

DES ÉLÉMENS 151 DU CHANT.

 Le Vaudeville est un Air dont les Paroles sont à Plusieurs Couplets avec Refrain, et dont le mérite consiste à être si simple que tout le monde puisse le Chanter.

 La Romance est un Air un peu Champêtre dont les Paroles doivent être si Naïves qu'elles paroissent dictées par le Sentiment. Le Pays de la Gascogne et de la Navarre Béarnoise fourmillent de ces sortes d'Airs.

 La Ronde de Table est un espece de Vaudeville qui commence ou se termine par un Refrain qu'on répete en Chœur.

 Le Canon est un Air qui convient tout à la fois à une et à plusieurs Voix. Il est divisé en 2, en 3, en 4, ou en 5 Parties Egales &c. Lorsque l'on est assez de Monde pour l'exécuter, chaque Partie sert d'Accompagnement aux Autres. On commence alternativement l'Air. Le second ne le prend que dans le moment que le Premier commence la Seconde Partie. Le Troisieme commence successivement, lorsqu'il entend fraper la Troisieme. Il en est ainsi des autres, à proportion du Nombre des Parties dont L'Air est composé.

Le Motet est une Piece de Musique sur des Paroles ordinairement Latines, dont le Sujet doit être Sacré. On le prend souvent dans les Pseaumes de David, et on le distingue par **Grand** ou **Petit**. Le Grand est composé de Plusieurs Chœurs entremêlés de Récits, de Duo, &c. Une Symphonie complette sert d'Accompagnement, excepté dans les Eglises de France où l'on ne l'emploie que fort rarement. Le Petit Motet se fait pour Une ou Deux Voix avec Grande Simphonie, ou avec un simple Accompagnement de Basse Continue.

Le Cantique est pour l'ordinaire un Petit Air comme un Vaudeville, dont les Paroles sont Pieuses. Mais si le sujet est traité comme Celui d'un Poeme-Opéra, la Musique l'exprime de même.

Le Noel est un Petit Air Gai sur des Paroles vulgaires où l'on exprime la joie que la Naissance d'un Dieu Sauveur doit Inspirer. Plusieurs Eglises en France sont dans l'usage de prendre le même Sujet pour en faire tous les Ans de Nouveaux Motets François.

Le Concert Spirituel est un des plus beaux Spectacles, surtout pour les Amateurs de la Belle et Bonne Musique, tant Vocale qu'Instrumentale. Il n'y manque que des Paroles que Tout le monde puisse lire et entendre. Le Merveilleux des Pseaumes de David y est exprimé par nos plus Célèbres Compositeurs avec toute l'Energie que le Sujet demande. On y chante de Grands et de Petits Motets, alternativement avec des Pieces Instrumentales dans Tous les Genres. Le Public a souvent le doux Plaisir d'y juger du Mérite de quelques Pieces nouvelles ou de Celui de quelques Débutants. Messieurs les Directeurs n'épargnent rien pour y faire entendre et pour y attacher les plus belles Voix et les meilleurs Symphonistes Nationnaux ou Etrangers.

La Devise de ce beau Spectacle devroit être,

HIC ORPHEI PALMA.

Comme j'ai déjà dit dans l'Alphabet à la Page 4. qu'on trouveroit dans cette Méthode la Premiere Strophe de l'Hymne de la St Jean sur un nouveau Chant d'E-glise, dont chaque Phrase commenceroit par la même Note que la premiere Syllabe de chaque Vers indique, Nous nous en ser-virons aussi pour donner une Idée de la Réunion des Paroles avec les Notes Mesu-rées de la Musique. Voyez l'Article de la Page 70.

Observez que pour apprendre à joindre les Paroles avec les Notes, On doit toujours commencer par **Solfier** la Musique Phrase par Phrase, avant que de dire les Mots qui sont au dessous. Chaque Ligne dans l'Exem-ple suivant fait une Phrase et un Vers.

OBSERVATIONS
Sur le Goût.

C'est ici que l'on a coutume de mettre l'Article des Agrémens du Chant. Voyez la Page 64 et Suivantes, Vous y Trouverez la raison de leur déplacement. On ne se permettra pas d'ajouter d'autres Règles de Goût. Le Goût lui même est indéfinissable; C'est un Certain je ne sais quoi, dont une ame sensible est toujours pénétrée. Une oreille délicate en peut bien saisir les différentes Nuances; Mais il est impossible d'expliquer en quoi précisément elles consistent. On se bornera donc à bien recommander l'Etude de l'Articulation et de la Prononciation de notre Langue, au moyen des bons Livres qui traitent de ce Sujet: Et on observera que l'une et l'autre doivent être plus marquées dans le Chant que dans le discours ordinaire; Mais toujours à raison du lieu où l'on chante, C'est-à-dire, beaucoup moins dans le Cercle d'une Société que sur le Théâtre. Enfin pour bien chanter on ne craint pas de dire qu'il faudroit savoir bien déclamer, puisque le Chant n'est qu'une Déclamation Mélodieuse que l'Harmonie acheve d'embellir. On remarquera aussi que les bons Musiciens n'ont pas plus besoin de Signes d'expression pour bien exécuter la Musique, qu'un bon Acteur pour bien jouer un Rôle &c. Celui-ci observera naturellement tous les à propos de l'Aspiration et de l'Expiration, d'où dépendent le Ton et le Son qui conviennent essentiellement à chaque objet, et qui par-là forment les Agrémens de la Déclamation. Mais l'Autre, en suivant les mêmes Principes, doit l'emporter par les charmes de la Musique.

Nous donnerons à la place des Règles deux Airs François que le Public a déjà scellés de son approbation.

MONOLOGUE
De Castor et Pollux.

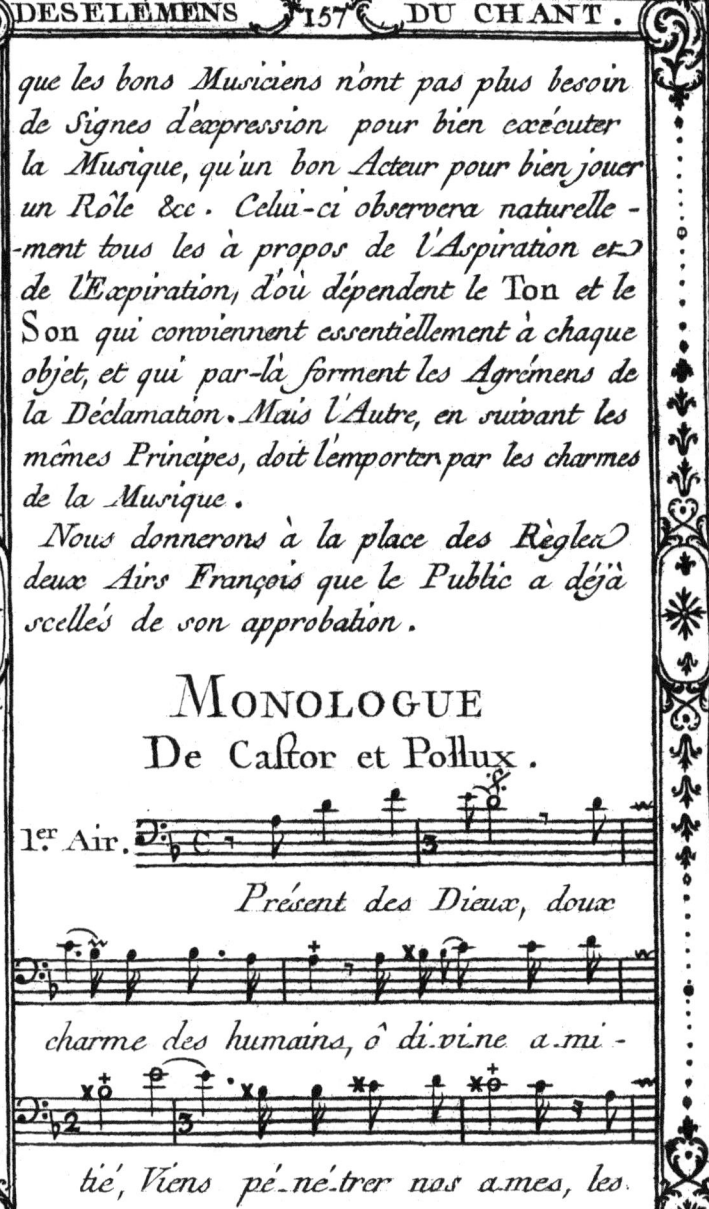

1.er Air.

Présent des Dieux, doux charme des humains, ô di‑vi‑ne a‑mi‑tié, Viens pé‑né‑trer nos ames, les

DES ELÉMENS 161 DU CHANT.

Comme le Gosier n'acquiert de la flexibilité que par un Grand Exercice, on a cru bien faire en joignant ici l'extrait de la Partie chantante d'un Petit Motet à Grande Symphonie, exécuté pour la première fois au Louvre par Mademoiselle Fel en 1756, le 25 Aoust jour de la Fête de S.t Louis. J'appliquai ces Paroles Latines sur trois Airs Italiens du choix de cette Virtuose. On trouvera les mêmes Paroles en Vers François à la suite de cette Musique.

TRADUCTION LIBRE,
De Mr. l'Abbé Regley.

Image de l'Etre Suprême,
Eternel appui des Mortels,
Louis porta le Diadême,
Et vengea l'honneur des Autels.

    Souvent à côté de la Gloire,
Son ame éprouva les revers ;
Mais il fut Grand dans la victoire,
Et plus Grand au milieu des Fers.

    Heureux François, sur ce rivage,
Unissez vos Cœurs et vos Voix ;
L'Encens doit exprimer l'hommage,
Que l'on paye au plus Saint des Rois.

    Petits oiseaux, que vos ramages
Viennent s'unir à nos Accens ;
Dans les Airs et dans les Boccages,
Que l'Echo répète nos Chants.

    Mais je vois les jours du Monarque,
Livrés aux caprices du sort ;
Sur ses yeux, la main de la Parque,
Répand les ombres de la mort.

    Louis, que sa Cour environne,
Voit sa douleur et ses regrets ;
Il expire, le Ciel couronne
Et ses Vertus et ses Bienfaits.

INTRODUCTION
à l'Accompagnement du Clavecin.

ARTICLE I.

Des Noms qu'on donne aux Intervalles dont la Gamme est susceptible; et des Signes ou Chiffres qui les indiquent.

S. I.

L'Intervalle de Seconde se divise en Majeur, en Mineur, et en Superflu.

Exemple.

Seconde Majeure. Seconde Mineure. Seconde Superflue.

S. II.

L'Intervalle de Tierce se divise en Majeur, et en Mineur.

Exemple.

Tierce Majeure.   Tierce Mineure.

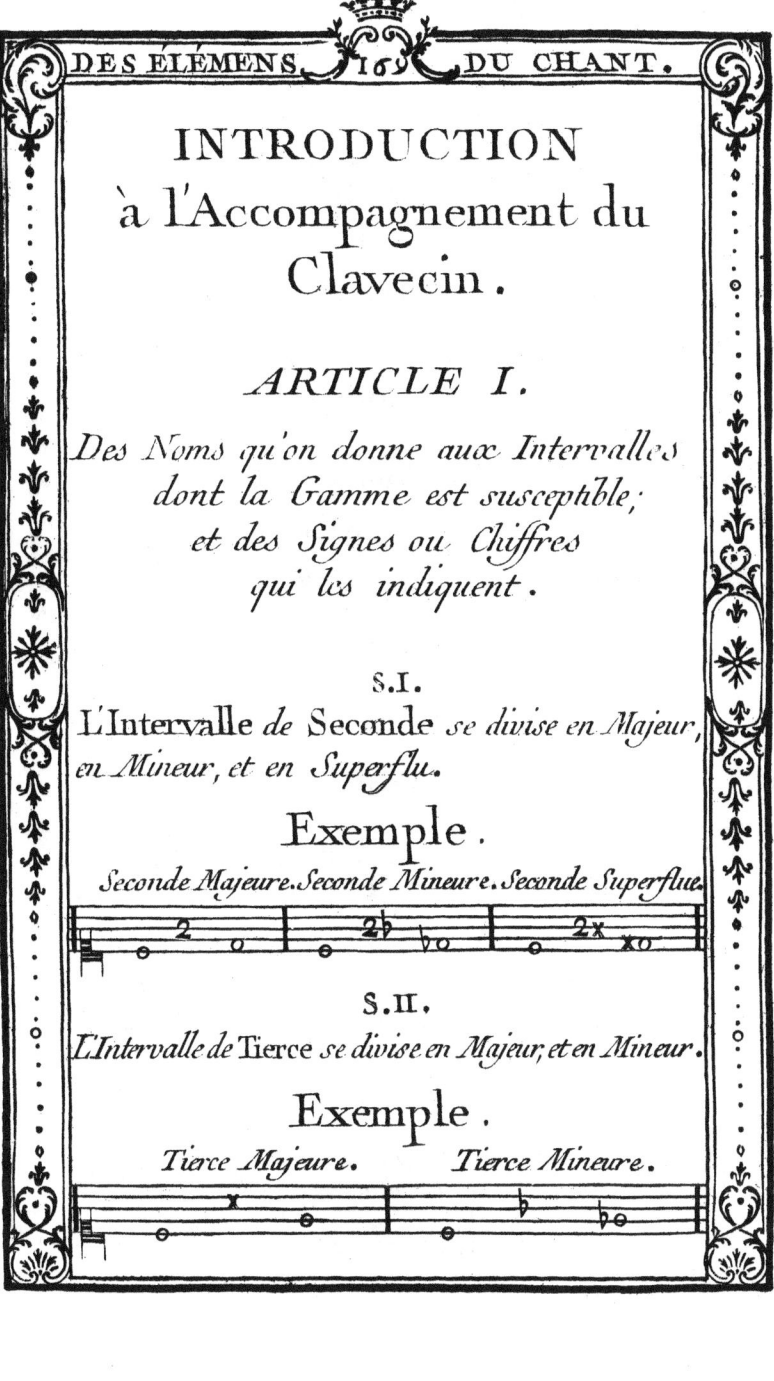

S. III.

L'Intervalle de Quarte se divise en Juste, et en Superflu ou Triton.

Exemple

Quarte Juste.   Quarte Superflue, ou Triton.

S. IV.

L'Intervalle de Quinte se divise en Juste, en Superflu, et en Diminué ou faux.

Exemple

Quinte Juste.   Quinte Superflue.   Quinte Diminuée, ou Fausse-Quinte.

S. V.

L'Intervalle de Sixte se divise en Majeur, et en Mineur.

Exemple

Sixte Majeure.   Sixte Mineure.

S. VI.

L'Intervalle de Septieme se divise en Majeur, ou Superflu lorsqu'il est Note Sensible; en Mineur ou Simple Septieme, et en Diminué.

Exemple

Septieme Majeure ou Superflue.   Simple Septieme ou Mineure.   Septieme Diminuée.

S. VII.

L'Intervalle de l'Octave qui est la répétition d'une Note, à la distance de huit Degrés Diatoniques, se divise en Simple, Double, Triple et Quadruple &c.

Exemple

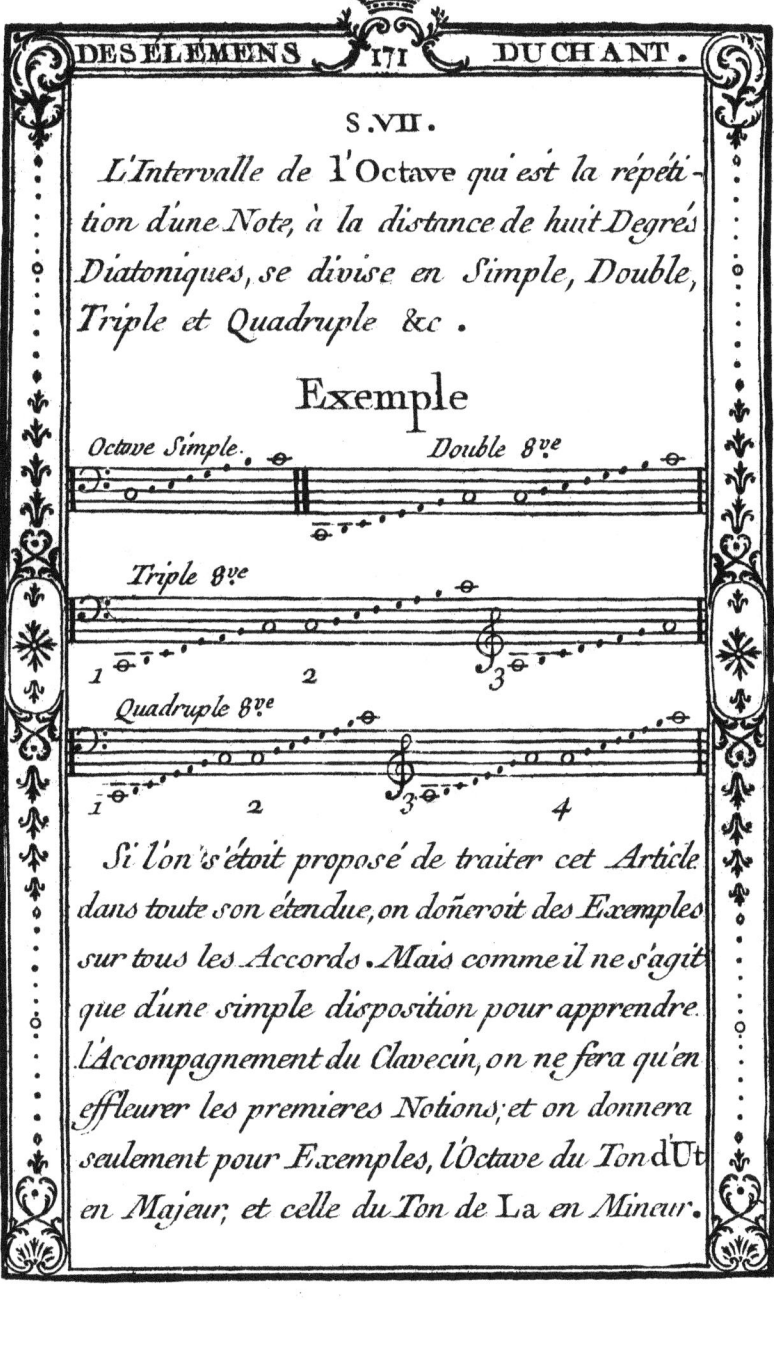

Si l'on s'étoit proposé de traiter cet Article dans toute son étendue, on doñeroit des Exemples sur tous les Accords. Mais comme il ne s'agit que d'une simple disposition pour apprendre l'Accompagnement du Clavecin, on ne fera qu'en effleurer les premieres Notions; et on donnera seulement pour Exemples, l'Octave du Ton d'Ut en Majeur; et celle du Ton de La en Mineur.

ARTICLE II.
Des Accords les plus ordinaires et les plus nécessaires.

———

L'Accord Parfait ne se chiffre pas ordi-
-nairement; il est composé de......3. 5. 8.
L'Accord de la Sixte 6, s'accompagne de . 3. 8.
L'Accord de la Sixte-Quarte 6/4, s'accomp. de . 8.
L'Accord de la Petite-Sixte 6, s'accomp. de 3. 4.
L'Accord de la Grande-Sixte 6, s'accomp. de 3.
L'Accord de la Septieme 7, s'accomp. de .. 3. 5.
L'Accord de la Quarte 4, s'accomp. de ... 5. 8.
L'Accord de la Seconde 2 s'accomp. de . . 4. 6.
L'Accord de Triton 4x ou 4, s'accomp. de . 2. 6.
L'Accord de la Fausse-Quinte 5, où 5♭, s'ac. de 3. 6.

———

Lorsqu'un Dieze x ou un Bémol ♭ se trouvent
seuls à la place d'un Chiffre, le x indique la
Tierce Majeure, et le ♭ indique la Mineure; et
lorsqu'on les trouve à la suite d'un Chiffre,
ils servent à augmenter ou diminuer d'un
Demi-Ton l'Intervalle que ce Chiffre désigne.

On trouvera le détail des autres connoissances dans les Principes d'Accompagnement que Tous les Maîtres de Clavecin donnent à leurs Ecoliers, ou dans le Traité de M. Rameau; dans l'Essai de M. Clement, et dans les ouvrages de Plusieurs autres &c. Mais si l'on veut approfondir l'Article des Accords, il est comme indispensable d'avoir le Savant ouvrage de M. l'Abbé Roussier, intitulé Traité des Accords et Dédié à M. l'Abbé Arnaud de l'Académie Royale des Inscriptions et Belles-Lettres.

Ceux qui veulent apprendre la Composition doivent lire et bien lire le Traité d'Harmonie par M. Rameau; Les Elémens de Musique Théorique et Pratique par M. d'Alembert, et l'Exposition de la Théorie et de la Pratique de la Musique par M. Bethizy. Ce dernier ouvrage est enrichi de beaucoup d'Exemples qui, en facilitant l'intelligence des bons Principes qu'il contient, donnent un nouveau jour à ceux des Grands Auteurs qu'on vient de citer.

RÉFLEXIONS
Sur l'Usage des Clefs.

L'usage des Trois Clefs de la Musique, est si généralement reçu pour trouver la Note Ut sur toutes les Lignes et sur tous les Espaces interlinéaires, qu'on ne peut en proposer la Suppression presque Totale, sans encourir le risque de passer pour un Novateur. On sera moins sensible à ce reproche, puisqu'on s'y attend; et le bien qu'on a en vue servira de motif pour nous y exposer avec plus de courage.

Les différentes Clefs, me dira-t-on, servent à distinguer dans le même Espace, la Partie la plus ou moins Grave, la plus ou moins Aigue, et à donner à chaque voix et à chaque instrument, Celle qui convient à leur Caractere. Cette raison seroit convaincante, si l'on ne pouvoit pas faire autrement et même beaucoup mieux. On fera voir d'abord les obstacles que toutes ces Clefs mettent aux progrès que les Ecoliers pourroient faire en peû de Tems, surtout avec la Réduction des Mesures que nous avons proposée à la Page 40, 98, et suivantes. On démontrera ensuite par des Exemples connus, l'inutilité, et qui plus est le ridicule des six Positions parmi Celles qu'on pratique.

L'expérience Journaliere nous apprend qu'un Ecolier commence toujours par se familiariser avec une des trois Clefs, Posée sur la 1.ere 2.me 3.me ou 4.me Ligne. Les progrès qu'il y fait d'abord le flattent et l'encouragent. Mais quand il en apprend une Seconde, il oublie la Premiere, ou il la confond souvent avec Celle qu'il étudie. Si l'Etude de la Premiere lui a couté huit jours pour y nommer les Notes imperturbablement, Celle de la Seconde lui coute deux mois pour pouvoir dissiper la confusion des deux; L'Etude de la Troisieme l'embarrasse à proportion; Et quand il a parcouru les autres Positions, il est obligé de recommencer, comme s'il avoit perdu son Tems.

Voilà le fruit qu'on tire d'une Habitude, ou pour mieux dire, d'un Préjugé que tous les Maîtres de l'Art souffrent sans pouvoir y apporter le remede convenable. C'est donc à M.M. les Compositeurs qu'il est réservé de rendre ce service au Public, en écrivant leur Musique autrement qu'ils ne font. Il ne s'agit pas de rien changer pour les Maîtres; ils n'en ont pas besoin. Il faut penser à Ceux qui par goût s'attachent à la connoissance des Arts et des Sciences agréables, et que les différentes occupations de la vie Civile empêchent d'y donner une application particuliere.

―

Nous avons promis de prouver l'Inutilité et le Ridicule des nombreuses Positions que nous rejetons. Nous sentons bien qu'il est impossible d'y parvenir, sans déplaire aux Partisans de l'usage; Mais la seule considé--ration des avantages que le Public y trouvera, nous entraîne et nous fait examiner cet objet important pour les progrés de l'Art Musical. On commence par réduire les huit Positions des trois Clefs, au nombre de Deux seulement, et on prendra les plus Analogues entr'elles, comme Celles de la Clef de Sol, sur la 1.re Ligne et de la Clef de Fa, sur la 4.me. Il est vrai qu'alors les Etrangers seroient un peu embarrassés, parce qu'ils n'ont jamais fait usage de cette Clef. Mais on pourroit, en leur faveur, y substituer la Clef de Sol sur la 2.me Ligne, en la fesant servir à trois Fins, c'est-à-dire, pour les Tons Hauts, Moyens et Bas; et on distingueroit ainsi Celle des deux façons dont on voudroit faire usage.

Exemple

De la Clef de Sol sur la Premiere Ligne avec la Clef de Fa sur la Quatrieme.

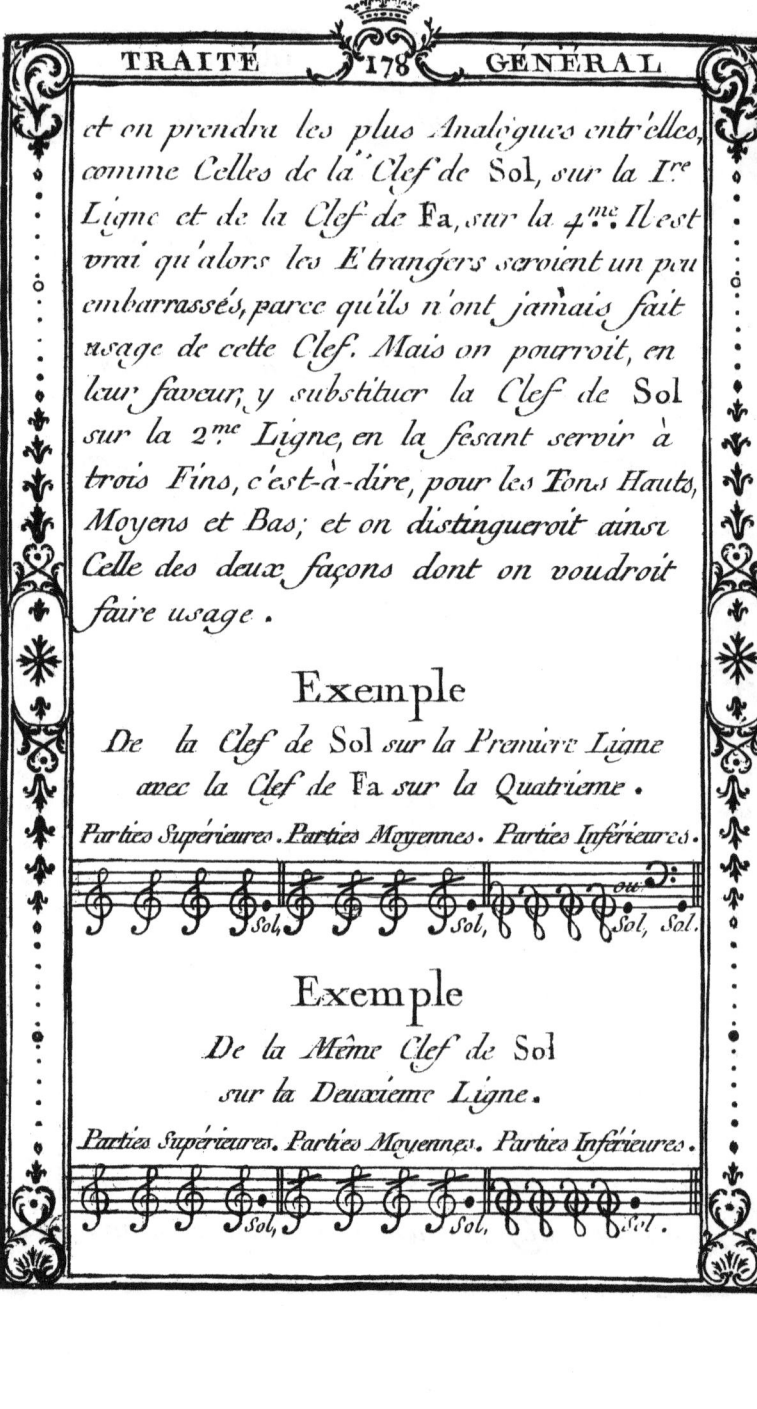

Exemple

De la Même Clef de Sol sur la Deuxieme Ligne.

S'il arrivoit dans le courant d'une Piece, qu'une seule Clef fût insuffisante, on pourroit l'entremêler avec une autre, comme on le fait tous les jours à l'égard des Clefs de Sol et de Fa dans les Pieces de Clavecin, pour fournir à l'Etendue d'une des Parties. On pourroit aussi pratiquer ce qui est en usage pour le Violon. Lorsque les Notes doivent monter trop Haut, on écrit en-Bas la Musi--que, et on indique par un 8 et une Barre qu'il faut la jouer à l'Octave plus Haut.

Exemple

On prétend par une autre objection que les différentes Parties Vocales et Instrumentales ne seroient pas assez distinguées. Mais on répond que cette distinction importe fort peu, pourvu qu'on écrive au commencement de chacune des Parties, l'emploi qu'on veut en faire. Tous les Musiciens savent parler et lire; Ils ne prendront pas le Premier Violon, pour le Second, ni la Basse-Taille pour la Haute-Contre &c. qui d'ailleurs sont ordinairement marqués.

TRAITÉ 180 GÉNÉRAL

Voyons à présent s'il est possible de démontrer le ridicule des huit Positions de Clefs. Les Exemples qu'on citera nous serviront de Preuve et de Justification, dumoins auprès de Ceux qui ne fermeront pas les Yeux à la lumière, ni les Oreilles aux Sons que la Raison paroît nous dicter. Nous répéterons ici l'Exemple des Unissons Réels pour fortifier nos Preuves.

PREMIERE PREUVE.
Exemple
Des Unissons Réels qui sont en usage.

On voit que par ces différentes Positions d'Ut, Ut, &c. qui devroient au fond se réduire à une seule, la connoissance des Notes devient très épineuse. Enfin ce n'est qu'après un long travail qu'un petit nombre d'Ecoliers surmonte les difficultés insépa-rables de cette Complication des Notes. C'est aussi la règle ordinaire des Unissons qui nous donne l'embarrassante Position des Intervalles dans toutes les Pieces de Musique à plusieurs Parties.

Tous ces Exemples dont le seul avantage est de démontrer la difficulté des Principes reçus, ont fait de tout-tems la Base du Noté dans la Musique à plusieurs Parties. Il seroit bien plus simple et plus intelligible que les Accords qu'on trouve sur une Partition, fussent placés sous un Point-de-vue plus raisonnable, et en même tems plus conforme à Celui qu'on observe pour l'Accompagnement du Clavecin. Voyez l'Exemple de l'Accord Parfait cy-dessous.

Pour donner encore plus de jour à toutes ces Démonstrations, On Notera les Unissons Réels et Apparens conformément aux Principes qu'on ose établir, avec le commencement et la fin d'un Chœur pris au hazard des Surprises de l'Amour dans l'Acte d'Anacréon. Les Unissons Réels seront les Notes blanches, et les Apparens seront distingués par les Noires.

Exemple

Des Moyens qu'on propose pour former les Unissons Réels et Apparens sur deux Clefs Analogues, ou sur une seule.

Il arrive souvent qu'on prend l'Unisson Apparent pour le Réel, puisqu'avec un Violoncelle on peut exécuter une Sonate de Violon ou de quelqu'autre Instrument.

Il nous reste encore une grande difficulté à ré-
-soudre. Tâchons de satisfaire Ceux qui murmurent
déjà contre l'usage qu'on propose d'une seule Clef,
au préjudice de la Transposition. Cette Ancienne Méthode, en fesant nommer Si le dernier des Diezes, et Fa
le dernier des Bémols qui accompagnent la Clef, prouve
qu'il n'y a que deux Tons, dont l'un est Majeur en Ut
et l'autre Mineur en La. Les Voix n'auroient jamais
eu d'autres Tons, ni qu'une seule Clef, si la Musique
s'étoit exécutée sans le secours des Instruments. C'est
pour remédier au défaut de Ceux-ci qu'on a eu recours
à tous ces Transports du Ton d'Ut en Ton de Re,
de Mi &c. Mais on pourroit faire pour le chant
simple, ce qu'on pratique ordinairement pour les
Cors-de-Chasse: On Note leurs Parties sur le Ton
d'Ut, et on marque que ce Ton est Transposé ou
en Re ou en Sol &c. Cette Transposition est ou
Naturelle ou Artificielle. La Naturelle est Celle qui
du Ton de Re, de Mi &c. passe au Ton d'Ut Natu
-rel. L'Artificielle est Celle qui du Ton d'Ut Naturel
passe au Ton de Re, de Mi &c. Il seroit bon qu'on
trouvât un moyen pour qu'il n'y eût qu'un seul Ton.
Je laisse cette découverte à faire à d'autres plus au
fait que moi du Méchanisme des Instrumens.

Objections
Sur la Réduction des Mesures.

Premiere Objection.

La Musique ne sauroit exprimer ses différens Mouvemens qu'au moyen des Signes qui les indiquent: Pourquoi en diminuer le nombre?

Réponse.

On ne diminue le nombre des Signes qui indiquent l'espece des Mesures qu'à raison de leur inutilité. Voyez-en la Preuve à la Page 98, et suivantes. Observés aussi qu'on a déjà supprimé en différens tems, plus de Deux Tiers des Signes qu'avoient introduits leurs Premiers Auteurs.*
Pourquoi n'aboliroit-on pas aujourd'hui ce qui reste de superflu, puisque l'Etude aisée et les Progrès de l'Art en dépendent totalement.

Seconde Objection.

La Réduction des Mesures doit anéantir le Caractere du Chant que Tel ou Tel Signe indique.

Réponse.

Il n'y a rien de moins déterminé que ces sortes de Signes pour Caractériser un Chant, puisque les

* Gui Arétin et Jean de Murs ou de Muris Docteur de Paris.

Musiciens eux-mêmes ne s'accordent pas toujours dans leur façon de Noter. L'un prend souvent les Blanches pour Notes Primitives, tandis que l'Autre prendra les Noires ou les Croches. Il seroit bien plus naturel que l'on n'admît qu'un seul et même Signe pour indiquer chaque Genre de Mesure. Voyez la Page 103. On marqueroit alors au commencement de l'Air le véritable Degré de Vîtesse ou de Lenteur avec des Termes François ou Italiens, dont l'expression seroit énergique jusqu'aux moindres Nuances. Si l'on prenoit ce dernier parti, les Compositeurs se plaindroient moins de l'exécution de leur Musique ; Et Ceux qui apprennent cette Science pourroient bientôt Noter un Chant qu'ils entendroient.

Troisieme Objection.

Si la Réduction des Mesures avoit lieu, Il faudroit tôt ou tard abandonner la Musique déjà Imprimée ou Gravée.

Réponse.

La Réduction des Mesures n'apprend rien de nouveau à Ceux qui savent la Musique : Elle devroit donc leur être indifférente : Et le préjudice qu'on envisage pour quelques Particuliers, fut-il sans remede, ne seroit pas aussi digne d'attention, que doivent l'être les avantages du Public. Toute la

DES ÉLÉMENS DU CHANT.

Musique Gravée ou Imprimée pourroit rester côme elle est, ne dût-elle servir qu'à constater ses Progrès de Siecle en Siecle: Mais on s'en serviroit encore long-tems comme indispensable. Ceux-même qui n'auroient appris qu'en suivant la Nouvelle Réforme des Mesures et des Clefs, apprendroient ensuite plus aisément nos anciens Usages, dont les Principes font l'objet essentiel de cette Méthode.

Quant au dommage qu'on suppose pour les Marchands de Musique, Nous pouvons assurer que la Réforme ne sauroit leur nuire, tant les Progrès des Sciences sont ordinairement tardifs. Mais en supposant qu'on pratiquât dès à présent la Méthode que je propose, Il n'est pas douteux que le nombre des Acheteurs augmenteroit bientôt d'une façon sensible. D'ailleurs fait-on souvent Emplette de vieille Musique? On demande toujours du Nouveau; Et si l'on est Curieux d'un ancien Morceau, on le fait copier au préjudice même du Marchand, pour ne pas acheter un vieux Livre.

S'il reste encore quelque bonne Objection qui me soit échapée et qu'on veuille bien me la communiquer, je regarderai toujours comme un devoir indispensable de la rendre Publique par le Canal des Journaux, en y ajoutant la Réponse que je croirai devoir y faire.

ARTICLE
De deux Moyens pour apprendre la Musique sans le secours d'un Maître.

Premier Moyen.

Il faut bien étudier les Principes que cette Méthode contient, et avoir un Instrument dont l'Accord soit invariable, de la façon de M. Richard Facteur d'Orgue, à Paris au Vieux Louvre. Par ce moyen Chacun trouvera les Intonations dont sa Voix sera susceptible.

Deuxieme Moyen.

Il faut avoir un Balancier du même habile Méchanicien. Il servira à régler la Mesure à Deux et à Trois Tems, les seules dont nous ayons besoin, comme on l'a prouvé dans les Articles qui traitent de la Réduction des Mesures. Voyez la Page 98 et suivantes. La Mesure à Deux-Tems sera exprimée par deux Battemens aussi Lents ou aussi précipités qu'on le voudra : Le Premier Battement aura un Son qui le distinguera du Second. La Mesure à Trois-Tems s'exprimera par Trois Battemens, dont le premier sera le plus Fort, et le Troisieme le plus Foible.

Ceux qui voudront bien consulter l'Auteur de cet Ouvrage, trouveront du moins en lui le zele d'un bon Citoyen.

FIN.

AVIS.

L'utilité que j'ai reconnue d'une Page noire avec des Lignes blanches, m'a déterminé à en proposer l'usage dans cette Nouvelle Méthode. Un bon Maître pourra, par ce moyen, suppléer avec un Crayon blanc à tout ce qui a besoin d'un long détail. Les Écoliers n'ont pas Tous les mêmes Talens: Il faut se prêter au degré de leur intelligence. Tel comprend d'abord les choses les plus difficiles; Tel autre ne saisit qu'avec peine les plus aisées. On doit cependant convenir que l'inapplication des Jeunes Gens est pour l'ordinaire la véri- -table cause qui retarde leurs progrès.

Omne tulit punctum qui miscuit utile dulci. *Horat. Arte poet.*

EXTRAIT DES RÉGISTRES
de l'Académie Royale des Sciences
du 9 Juillet 1766.

Monsieur D'Alembert et moi qui avions été nommés pour examiner un Ouvrage de M. l'Abbé Lacassagne qui a pour titre Traité Général des Élémens du Chant, en ayant fait notre rapport, l'Académie a jugé que cet Ouvrage dans lequel l'Auteur s'est proposé de donner une exposition simple et facile de la Méthode usitée pour apprendre la Musique, en plaçant toujours l'Exemple à côté du Précepte, de faire voir que toutes les différentes Mesures se pouvoient réduire aisément à deux, et les Clefs à une seule, étoit clair et Méthodique et très propre à l'objet que l'Auteur a eu en vue de faciliter l'étude de la Musique par la Méthode ordinaire. en foi de quoi j'ai signé le présent Certificat à Paris le 24 Juillet 1766.

Grandjean de Fouchy
S.re perp.l de l'Ac. R. des Sciences.

Music and Books published by Travis & Emery Music Bookshop:
Anon.: Hymnarium Sarisburiense, cum Rubricis et Notis Musicis.
Agricola, Johann Friedrich from Tosi: Anleitung zur Singkunst.
Bach, C.P.E.: edited W. Emery: Nekrolog or Obituary Notice of J.S. Bach.
Bateson, Naomi Judith: Alcock of Salisbury
Bathe, William: A Briefe Introduction to the Skill of Song
Bax, Arnold: Symphony #5, Arranged for Piano Four Hands by Walter Emery
Burney, Charles: The Present State of Music in France and Italy
Burney, Charles: The Present State of Music in Germany, The Netherlands …
Burney, Charles: An Account of the Musical Performances … Handel
Burney, Karl: Nachricht von Georg Friedrich Handel's Lebensumstanden.
Burns, Robert: The Caledonian Musical Museum ..The Best Scotch Songs. (1810)
Cobbett, W.W.: Cobbett's Cyclopedic Survey of Chamber Music. (2 vols.)
Corrette, Michel: Le Maitre de Clavecin
Crimp, Bryan: Dear Mr. Rosenthal … Dear Mr. Gaisberg …
Crimp, Bryan: Solo: The Biography of Solomon
Crotch, William: Substance of Several Courses of Lectures on Music
d'Indy, Vincent: Beethoven: Biographie Critique
d'Indy, Vincent: Beethoven: A Critical Biography
d'Indy, Vincent: César Franck (in French)
Fischhof, Joseph: Versuch einer Geschichte des Clavierbaues. (Faksimile 1853).
Frescobaldi, Girolamo: D'Arie Musicali per Cantarsi. Primo & Secondo Libro.
Geminiani, Francesco: The Art of Playing the Violin.
Handel; Purcell; Boyce; Geene et al: Calliope or English Harmony: Volume First.
Häuser: Musikalisches Lexikon. 2 vols in one.
Hawkins, John: A General History of the Science and Practice of Music (5 vols.)
Herbert-Caesari, Edgar: The Science and Sensations of Vocal Tone
Herbert-Caesari, Edgar: Vocal Truth
Hopkins and Rimboult: The Organ. Its History and Construction.
Hunt, John: - see separate list of discographies at the end of these titles
Isaacs, Lewis: Hänsel and Gretel. A Guide to Humperdinck's Opera.
Isaacs, Lewis: Königskinder (Royal Children) A Guide to Humperdinck's Opera.
Kastner: Manuel Général de Musique Militaire
Lacassagne, M. l'Abbé Joseph : Traité Général des élémens du Chant.
Lascelles (née Catley), Anne: The Life of Miss Anne Catley.
Mainwaring, John: Memoirs of the Life of the Late George Frederic Handel
Malcolm, Alexander: A Treaty of Music: Speculative, Practical and Historical
Marx, Adolph Bernhard: Die Kunst des Gesanges, Theoretisch-Practisch
May, Florence: The Life of Brahms
May, Florence: The Girlhood Of Clara Schumann: Clara Wieck And Her Time.
Mellers, Wilfrid: Angels of the Night: Popular Female Singers of Our Time
Mellers, Wilfrid: Bach and the Dance of God
Mellers, Wilfrid: Beethoven and the Voice of God
Mellers, Wilfrid: Caliban Reborn - Renewal in Twentieth Century Music

Music and Books published by Travis & Emery Music Bookshop:

Mellers, Wilfrid: Darker Shade of Pale, A Backdrop to Bob Dylan
Mellers, Wilfrid: François Couperin and the French Classical Tradition
Mellers, Wilfrid: Harmonious Meeting
Mellers, Wilfrid: Le Jardin Retrouvé, The Music of Frederic Mompou
Mellers, Wilfrid: Music and Society, England and the European Tradition
Mellers, Wilfrid: Music in a New Found Land: ... ... American Music
Mellers, Wilfrid: Romanticism and the Twentieth Century (from 1800)
Mellers, Wilfrid: The Masks of Orpheus: ...... the Story of European Music.
Mellers, Wilfrid: The Sonata Principle (from c. 1750)
Mellers, Wilfrid: Vaughan Williams and the Vision of Albion
Panchianio, Cattuffio: Rutzvanscad Il Giovine
Pearce, Charles: Sims Reeves, Fifty Years of Music in England.
Playford, John: An Introduction to the Skill of Musick.
Purcell, Henry et al: Harmonia Sacra ... The First Book, (1726)
Purcell, Henry et al: Harmonia Sacra ... Book II (1726)
Quantz, Johann: Versuch einer Anweisung die Flöte trave rsiere zu spielen.
Rameau, Jean-Philippe: Code de Musique Pratique, ou Methodes.
Rameau, Jean-Philippe: Erreurs sur La Musique dans l'Encyclopédie
Rastall, Richard: The Notation of Western Music.
Rimbault, Edward: The Pianoforte, Its Origins, Progress, and Construction.
Rousseau, Jean Jacques: Dictionnaire de Musique
Rubinstein, Anton : Guide to the proper use of the Pianoforte Pedals.
Sainsbury, John S.: Dictionary of Musicians. (1825). 2 vols.
Serré de Rieux, Jean de : Les dons des Enfans de Latone
Simpson, Christopher: A Compendium of Practical Musick in Five Parts
Spohr, Louis: Autobiography
Spohr, Louis: Grand Violin School
Tans'ur, William: A New Musical Grammar; or The Harmonical Spectator
Terry, Charles Sanford: Bach's Chorals – Parts 1, 2 and 3.
Terry, Charles Sanford: John Christian Bach
Terry, Charles Sanford: J.S. Bach's Original Hymn-Tunes for Congregational Use.
Terry, Charles Sanford: Four-Part Chorals of J.S. Bach. (German & English)
Terry, Charles Sanford: Joh. Seb. Bach, Cantata Texts, Sacred and Secular.
Terry, Charles Sanford: The Origins of the Family of Bach Musicians.
Tosi, Pierfrancesco: Opinioni de' Cantori Antichi, e Moderni
Tosi, Pierfrancesco: Observations on the Florid Song.
Van der Straeten, Edmund: History of the Violoncello, The Viol da Gamba ...
Van der Straeten, Edmund: History of the Violin, Its Ancestors... (2 vols.)
Walther, J. G. [Waltern]: Musicalisches Lexikon [Musikalisches Lexicon]
Zwirn, Gerald: Stranded Stories From The Operas

Travis & Emery Music Bookshop
17 Cecil Court, London, WC2N 4EZ, United Kingdom.
Tel. (+44) 20 7240 2129

© Travis & Emery 2010

Discographies by Travis & Emery:
Discographies by John Hunt.

1987: 978-1-906857-14-1: From Adam to Webern: the Recordings of von Karajan.
1991: 978-0-951026-83-0: 3 Italian Conductors and 7 Viennese Sopranos: 10 Discographies: Arturo Toscanini, Guido Cantelli, Carlo Maria Giulini, Elisabeth Schwarzkopf, Irmgard Seefried, Elisabeth Gruemmer, Sena Jurinac, Hilde Gueden, Lisa Della Casa, Rita Streich.
1992: 978-0-951026-85-4: Mid-Century Conductors and More Viennese Singers: 10 Discographies: Karl Boehm, Victor De Sabata, Hans Knappertsbusch, Tullio Serafin, Clemens Krauss, Anton Dermota, Leonie Rysanek, Eberhard Waechter, Maria Reining, Erich Kunz.
1993: 978-0-951026-87-8: More 20th Century Conductors: 7 Discographies: Eugen Jochum, Ferenc Fricsay, Carl Schuricht, Felix Weingartner, Josef Krips, Otto Klemperer, Erich Kleiber.
1994: 978-0-951026-88-5: Giants of the Keyboard: 6 Discographies: Wilhelm Kempff, Walter Gieseking, Edwin Fischer, Clara Haskil, Wilhelm Backhaus, Artur Schnabel.
1994: 978-0-951026-89-2: Six Wagnerian Sopranos: 6 Discographies: Frieda Leider, Kirsten Flagstad, Astrid Varnay, Martha Moedl, Birgit Nilsson, Gwyneth Jones.
1995: 978-0-952582-70-0: Musical Knights: 6 Discographies: Henry Wood, Thomas Beecham, Adrian Boult, John Barbirolli, Reginald Goodall, Malcolm Sargent.
1995: 978-0-952582-71-7: A Notable Quartet: 4 Discographies: Gundula Janowitz, Christa Ludwig, Nicolai Gedda, Dietrich Fischer-Dieskau.
1996: 978-0-952582-75-5: Leopold Stokowski (1882-1977): Discography and Concert Register
1996: 978-0-952582-76-2: Makers of the Philharmonia: 11 Discographies: Alceo Galliera, Walter Susskind, Paul Kletzki, Nicolai Malko, Issay Dobrowen, Lovro Von Matacic, Efrem Kurtz, Otto Ackermann, Anatole Fistoulari, George Weldon, Robert Irving.
1996: 978-0-952582-72-4: The Post-War German Tradition: 5 Discographies: Rudolf Kempe, Joseph Keilberth, Wolfgang Sawallisch, Rafael Kubelik, Andre Cluytens.
1996: 978-0-952582-73-1: Teachers and Pupils: 7 Discographies: Elisabeth Schwarzkopf, Maria Ivoguen, Maria Cebotari, Meta Seinemeyer, Ljuba Welitsch, Rita Streich, Erna Berger.
1996: 978-0-952582-75-5: Leopold Stokowski: Discography and Concert Listing.
1996: 978-0-952582-76-2: Makers of the Philharmonia: 11 Discographies Alceo Galliera, Walter Susskind, Paul Kletzki, Nicolai Malko, Issay Dobrowen, Lovro Von Matacic, Efrem Kurtz, Otto Ackermann, Anatole Fistoulari, George Weldon, Robert Irving.
1996: 978-0-952582-77-9: Tenors in a Lyric Tradition: 3 Discographies: Peter Anders, Walther Ludwig, Fritz Wunderlich.
1997: 978-0-952582-78-6: The Lyric Baritone: 5 Discographies: Hans Reinmar, Gerhard Huesch, Josef Metternich, Hermann Uhde, Eberhard Waechter.
1997: 978-0-952582-79-3: Hungarians in Exile: 3 Discographies: Fritz Reiner, Antal Dorati, George Szell.
1997: 978-1-901395-00-6: The Art of the Diva: 3 Discographies: Claudia Muzio, Maria Callas, Magda Olivero.
1997: 978-1-901395-01-3: Metropolitan Sopranos: 4 Discographies: Rosa Ponselle, Eleanor Steber, Zinka Milanov, Leontyne Price.
1997: 978-1-901395-02-0: Back From The Shadows: 4 Discographies: Willem Mengelberg, Dimitri Mitropoulos, Hermann Abendroth, Eduard Van Beinum.
1997: 978-1-901395-03-7: More Musical Knights: 4 Discographies: Hamilton Harty, Charles Mackerras, Simon Rattle, John Pritchard.
1998: 978-1-901395-95-2: More Giants of the Keyboard: 5 Discographies: Claudio Arrau, Gyorgy Cziffra, Vladimir Horowitz, Dinu Lipatti, Artur Rubinstein.

1998: 978-1-901395-94-5: Conductors On The Yellow Label: 8 Discographies: Fritz Lehmann, Ferdinand Leitner, Ferenc Fricsay, Eugen Jochum, Leopold Ludwig, Artur Rother, Franz Konwitschny, Igor Markevitch.
1998: 978-1-901395-96-9: Mezzo and Contraltos: 5 Discographies: Janet Baker, Margarete Klose, Kathleen Ferrier, Giulietta Simionato, Elisabeth Hoengen.
1999: 978-1-901395-97-6: The Furtwaengler Sound Sixth Edition: Discography and Concert Listing.
1999: 978-1-901395-98-3: The Great Dictators: 3 Discographies: Evgeny Mravinsky, Artur Rodzinski, Sergiu Celibidache.
1999: 978-1-901395-99-0: Sviatoslav Richter: Pianist of the Century: Discography.
2000: 978-1-901395-04-4: Philharmonic Autocrat 1: Discography of: Herbert Von Karajan [Third Edition].
2000: 978-1-901395-05-1: Wiener Philharmoniker 1 - Vienna Philharmonic and Vienna State Opera Orchestras: Discography Part 1 1905-1954.
2000: 978-1-901395-06-8: Wiener Philharmoniker 2 - Vienna Philharmonic and Vienna State Opera Orchestras: Discography Part 2 1954-1989.
2001: 978-1-901395-07-5: Gramophone Stalwarts: 3 Separate Discographies: Bruno Walter, Erich Leinsdorf, Georg Solti.
2001: 978-1-901395-08-2: Singers of the Third Reich: 5 Discographies: Helge Roswaenge, Tiana Lemnitz, Franz Voelker, Maria Mueller, Max Lorenz.
2001: 978-1-901395-09-9: Philharmonic Autocrat 2: Concert Register of Herbert Von Karajan Second Edition.
2002: 978-1-901395-10-5: Sächsische Staatskapelle Dresden: Complete Discography.
2002: 978-1-901395-11-2: Carlo Maria Giulini: Discography and Concert Register.
2002: 978-1-901395-12-9: Pianists For The Connoisseur: 6 Discographies: Arturo Benedetti Michelangeli, Alfred Cortot, Alexis Weissenberg, Clifford Curzon, Solomon, Elly Ney.
2003: 978-1-901395-14-3: Singers on the Yellow Label: 7 Discographies: Maria Stader, Elfriede Troetschel, Annelies Kupper, Wolfgang Windgassen, Ernst Haefliger, Josef Greindl, Kim Borg.
2003: 978-1-901395-15-0: A Gallic Trio: 3 Discographies: Charles Muench, Paul Paray, Pierre Monteux.
2004: 978-1-901395-16-7: Antal Dorati 1906-1988: Discography and Concert Register.
2004: 978-1-901395-17-4: Columbia 33CX Label Discography.
2004: 978-1-901395-18-1: Great Violinists: 3 Discographies: David Oistrakh, Wolfgang Schneiderhan, Arthur Grumiaux.
2006: 978-1-901395-19-8: Leopold Stokowski: Second Edition of the Discography.
2006: 978-1-901395-20-4: Wagner Im Festspielhaus: Discography of the Bayreuth Festival.
2006: 978-1-901395-21-1: Her Master's Voice: Concert Register and Discography of Dame Elisabeth Schwarzkopf [Third Edition].
2007: 978-1-901395-22-8: Hans Knappertsbusch: Kna: Concert Register and Discography of Hans Knappertsbusch, 1888-1965. Second Edition.
2008: 978-1-901395-23-5: Philips Minigroove: Second Extended Version of the European Discography.
2009: 978-1-901395-24-2: American Classics: The Discographies of Leonard Bernstein and Eugene Ormandy.
2010: 978-1-901395-25-9: Dirigenten der DDR: Conductors of the German Democratic Republic

Discography by Stephen J. Pettitt, edited by John Hunt:
1987: 978-1-906857-16-5: Philharmonia Orchestra: Complete Discography 1945-1987

Available from: Travis & Emery at 17 Cecil Court, London, UK. (+44) 20 7 240 2129. email on sales@travis-and-emery.com .

© Travis & Emery 2010

www.ingramcontent.com/pod-product-compliance
Lightning Source LLC
Chambersburg PA
CBHW061431040426
42450CB00007B/996